Irit Amiel | Gezeichnete

Geschichten vom Überleben

Aus dem Hebräischen von Magali Zibaso

Jüdischer Verlag
im Suhrkamp Verlag

Die Originalausgabe erschien 1999 unter
dem Titel *Osmaleni* im Verlag Świat Literacki

Erste Auflage 2015
© Jüdischer Verlag im Suhrkamp Verlag Berlin 2015
Copyright © Irit Amiel 2006
Druck: CPI – Ebner & Spiegel, Ulm
Printed in Germany
ISBN 978-3-633-54272-7

Gezeichnete   Geschichten vom Überleben

Und Enosch sah Eva an den Toren von Sodom,
wo die wahre Lösung herrschte:

ARBEIT MACHT FREI

Und Enosch zählte zweiundvierzig Jahre und sein Gewicht
                                       betrug ebenso viel
Und Eva zählte dreißig Jahre, und sie saß im Staub
unter dem Tor und erwartete ihre beiden kleinen Söhne, die sich
                            längst aufgelöst hatten
in den vier Windrichtungen des Himmels in einer schwarzen
                                     Rauchwolke
Und Enosch reichte Eva die Hand und sprach: Steh auf Frau
                                  und komm.
Niemand kehrt zurück von nirgendwo, und Kain hatte Abel
                               bereits getötet
Blicke nicht zurück, damit du nicht werdest eine Salzsäule in
                              alle Ewigkeit.
Und sie gingen durchs Tal des Mordens und der Trümmerhaufen
                            in das Land Kanaan
und zeugten andere Töchter und Söhne und gaben ihnen neue
                      Namen, um Gott irrezuführen.

Und Gott sprach, ich habe euch erlaubt, aus Sodom
                                   wegzuziehen,
aber weitere Geschäfte wird es nicht geben.

Eine Seite aus dem Tagebuch

Es war Spätherbst 1942. Es war noch nicht richtig kalt, und das rötlich-goldene Laub wirbelte im Staub und im Schlamm. Manchmal konnte man sogar eine Kastanie finden, dunkelbraun und feucht in der stachligen grünen Schale.

Die Straße lag still. Gelähmt vor Furcht. Wie leere Augenhöhlen blickten die Fenster aus zerbrochenen Scheiben. Vater sagte wie nebenbei, dass man so bald wie möglich in das jüdische Krankenhaus am Ende der Straße übersiedeln müsse. Aber in seiner Stimme hallte ein merkwürdiges Beben wider. Ich trug einen leichten Mantel und einen Schal, ein Barett und das grüne Wollkostüm, das meine Mutter mir gestrickt hatte. Vater machte sich noch immer über Mutters Strickleidenschaft lustig, aber niemand lachte mehr über seine Späße. Die Welt ging in Flammen auf, und wir waren im Zentrum der Feuersbrunst.

Mutter gab mir eine Scheibe trockenes Brot, küsste mich und nässte mein Gesicht mit ihren Tränen. Ich kaute das Brot und begriff nicht, weshalb sie so schluchzte, schließlich würden wir uns doch am Abend wiedersehen. So hatten sie es mir versprochen. Aber ich sah Mutter nie wieder. An ihre Gesichtszüge erinnere ich mich nur anhand eines zerrissenen und vergilbten Fotos, das mir ihre Schwester nach dem Krieg aus Amerika schickte.

Am Ende der Straße, der Grenze zur arischen Seite, stand ein ukrainischer Soldat und schoss in die Fenster, sobald er irgendeine Bewegung wahrnahm. Vater war sehr nervös und sagte mir, ich solle auf der Straße hinter ihm herkriechen, so dicht wie möglich an den Häusern. Auf eben derselben Straße, auf der ich einst mit meiner Schultasche zur Schule ging, umgeben von meinen lachenden Freundinnen, krochen wir beide jetzt auf allen vieren. Ein plötzlicher Windstoß wirbelte eine Staubwolke auf und blendete mich für einen Augenblick. Der ukrainische Soldat gab drei Schüsse ab. Die Kugeln flogen pfeifend über unsere Köpfe. Wir erstarrten einen Augenblick, dann krochen wir weiter. Es war nicht weit, aber mir schien es eine Ewigkeit zu dauern. Es war die längste Strecke, die ich in meinem Leben zurückgelegt hatte. In letzter Zeit wecken mich diese Schüsse nachts auf.

An das schwere Tor des Krankenhauses gepresst, schlugen wir verzweifelt mit geballten Fäusten an das Tor, mit der letzten Kraft, die uns verblieben war. Ein jüdischer Polizist, ein Bekannter Vaters, öffnete einen schmalen Spalt, und wir schlüpften in den Hof. Vater reichte ihm ein Bündel grüner Geldscheine. Von diesem Augenblick an ging alles sehr schnell. Zu schnell. Er führte uns in einen dunklen Schuppen, zündete eine Laterne an und zog aus der glatten Wand ein Brett und dann ein zweites. Ein schwarzes Loch zeigte sich in der Wand. Vater hob mich hoch und sagte, ich solle die Hände ausstrecken, wie beim Schwimmen, und schob mich kopfüber in das Loch. Aber die Öffnung war zu eng, und ich musste rasch den Mantel ausziehen und wieder den Kopf und die Hände in das schwarze Loch stecken. Ich war fassungslos. Ich konnte mich nicht einmal von ihm verabschieden. Ich erinnere mich nur, dass er sehr bleich war, und um seinen Mund zuckte etwas zwischen einem Lächeln und einem Weinen.

Am anderen Ende ergriff mich ein fremder Mann mit einem Schnurrbart und stellte mich auf. Noch bevor ich mich erholen konnte, fiel mein gelber Herbstmantel auf meine Füße. Als ich den Kopf hob, gab es kein schwarzes Loch mehr. An der glatten Wand hing friedlich das vergoldete Bild der Schwarzen Madonna von Częstochowa.

So verließ ich das Ghetto zum ersten Mal, mitten in der Aktion. Meine Kindheit, das Barett, der Schal, meine schöne Mutter und mein kahlköpfiger, geliebter Vater blieben für immer auf der anderen Seite. Ich war damals elf Jahre alt, und seit diesem Augenblick fühle ich mich im Leben nirgends mehr zuhause.

Linka

Linka verstand sehr bald, dass man danach nicht mehr weiterleben konnte. Sie verstand das lange Zeit vor den anderen, die älter und klüger waren als sie: Borowski, Celan, Wojdowski, Primo Levi, Kosiński, und sie versuchte wie eine Erwachsene ihrem Leben ein Ende zu machen. Zweimal konnte sie gerettet werden, aber sie blieb hartnäckig, überzeugt davon, dass ihre Wahl die richtige sei. Und beim dritten Mal gelang es ihr, endgültig aus unserer herrlichen Welt zu scheiden.

Sie wurde nur achtzehn Jahre alt. Hatte mandelförmige Augen, grünblau wie das Meer, schwarzes Haar, fast blau, üppig und glänzend, und einen vollen, weiblichen Körper, der ihr noch kaum Freude bereitet hatte.

Am Tag ihrer Beerdigung regnete es in Strömen, und alle wiederholten den abgedroschenen Satz: Sogar der Himmel weint. Ich, vier Jahre jünger als sie, dachte, dass sie recht hatte und das Richtige getan hatte. Ich bewunderte ihren Mut, den ich nicht besaß.

All das geschah 1945 in einem der Flüchtlingslager in Deutschland. Wir schleppten uns langsam hinter ihrem Sarg her, weil unsere eiskalten, nassen Füße im schwarzen, klebrigen Schlamm versanken. Und wir weinten. Scheinbar ihretwegen, aber eigentlich unseretwegen. Fürwahr, wenn das Feuer die Zedern verzehrt, was soll das Moos dazu sagen ...

Sie war schön und begabt, konnte singen, tanzen, und sie hatte eine liebe Mutter, die sich um sie sorgte, ihr Essen und Süßigkeiten und schöne, warme Kleidung brachte.

Die Jungen wurden von Linka angezogen wie die Bienen vom Nektar. Sie umschwärmten sie von allen Seiten, jederzeit bereit, ihr zu dienen, achteten auf jede ihrer Launen. Es ging das Gerücht, dass es im Lager irgendeinen schönen SS-Mann gab, der sich bis zum Wahnsinn in sie verliebt hatte und sogar bereit war, sich durch Rassenschande in Gefahr zu bringen. Aber sie wies seine Werbung zurück und verspottete ihn. Um sich an ihr zu rächen, schoss er auf ihren kleinen Bruder Miecio und tötete ihn.

In letzter Zeit denke ich viel an sie und stelle mir ihr Leben vor. Wenn es ihr gelungen wäre, ihren starken Todestrieb zu überwinden, wäre sie heute um die siebzig. Wahrscheinlich hätte sie einen Sohn, der nach ihrem Bruder Miecio benannt worden wäre, hebräisch Moshe, und seine Freunde hätten ihn Moshik gerufen. Sicher wäre Moshik heute Computerfachmann, denn der Sohn einer polnischen Mutter muss Rechtsanwalt, Arzt oder wenigstens Ingenieur sein. Sie könnte aber auch drei hochgewachsene, freche Enkel haben, und einer von ihnen würde in diesem Jahr seine Ausbildung bei den Fallschirmjägern beenden, und sie würde bei der Zeremonie zur Verleihung des Dienstgrades zu Tränen gerührt sein und sich sagen, das ist mein Enkel, ein Offizier in der Armee des jüdischen Staates.

Es hätte zu ihr gepasst, in Ramat Aviv zu wohnen, mit ihrem Mann, einem immer noch gutaussehenden Geschäftsführer einer Hightech-Firma, der einen weißen Mitsubishi fährt; sie würde ihr ergrauendes Haar blond färben und maßgeschneiderte Gucci-Kostüme mit ihrem Monogramm am Revers tragen. Gewiss hätte sie einmal im Monat montags mit uns im prächtigen Café Apropo gesessen, mit Süßstoff gesüßten Kaffee getrunken und eine lange, elegante Zigarette geraucht.

Aber all das ist nicht geschehen. Linka blieb im kalten, schwarzen deutschen Schlamm begraben. Ihr wurde die Sorge erspart, dass ihr Mann einen Schlaganfall oder einen Herzinfarkt erleiden, ihr Enkel im Libanon eingesetzt, sie selbst an Alzheimer oder Parkinson erkranken würde. Einst bewunderte ich ihren Mut, den Tod zu wählen. Heute verstehe ich, dass viel mehr Mut dazu gehört, das Leben zu wählen.

Rafael

Am Tag nachdem ich in der Zeitung seine Todesanzeige gesehen hatte, erhielt ich einen Brief von Rafael, aus Deutschland. Heute will ich meine Schuld abtragen und niederschreiben, was er mir über die Jahre erzählt hat.

Ich begegnete Rafael zum ersten Mal 1945 im Flüchtlingslager Landsberg. Er war hochgewachsen, gebräunt und hatte ein auffällig vorspringendes Kinn. Er wirkte sehr männlich, trug einen Ledermantel und schwarze Stiefel. Ich dachte, so sieht ein wahrer Partisan aus, und verliebte mich sofort hoffnungslos. Ich war damals vierzehn und er einundzwanzig.

Rafael, der großen Erfolg bei meinen älteren Freundinnen hatte, mochte aber gerade mich und nannte mich hebräisch *tinock* – Baby. Ich war überzeugt, es sei ein französisches Wort, und liebte die Sprache der Liebe. Rafael war meine zweite unerwiderte Liebe. Die erste war das Land meiner Geburt – Polen.

In den ersten Jahren nach der Befreiung sprachen wir kaum über unsere Erlebnisse während des Krieges oder darüber, wie wir gerettet worden waren. Wir sprachen viel über unsere Zukunft in Israel, über Bücher, über Zionismus und über unsere Beziehung. Wir plauderten viel, aber wir waren noch nicht bereit, über unsere jüngste Vergangenheit zu reden. Später hatten wir in anderen Flüchtlingslagern in Italien und auf Zypern andere Liebesbeziehungen. Schließlich kamen wir nach Israel und begannen ein neues, stürmisches Leben. Ich schloss mich einem Kibbuz an, Rafael einem anderen. Wir begegneten uns erst Jahre später wieder – in einem Seminar über Gartenbau. Rafael war noch immer gebräunt und gutaussehend, aber da war ich bereits immun gegen seinen männlichen Charme.

»Sag, Rafi«, fragte ich, »wusstest du wirklich nicht, dass ich hoffnungslos in dich verliebt war?« »Nein«, antwortete er, »schau, du warst doch wirklich noch ein Baby.«

Damals sprachen wir zum ersten Mal über die Geschehnisse während der Kriegsjahre. Rafael erzählte, dass sein Vater ihn aus dem Zug geworfen hatte, der ins Vernichtungslager raste, und ihm befohlen hatte, sofort in den nächsten Wald zu laufen.

»Jemand muss übrig bleiben, um alles zu erzählen«, sagte sein Vater, »du bist jung und stark, vielleicht schaffst du es! Spring!« Damit stieß er Rafael durch die Öffnung, die er vorher erweitert hatte. Erschrocken und verwirrt sprang Rafael und rannte in Richtung des Waldes, während hinter ihm Schüsse krachten. Er lief, bis er besinnungslos umfiel. Als er, von Panik erfasst, wieder zu sich kam, sah er ein junges Gesicht über sich gebeugt. Das war Hans, ein deutscher Bauer, der mit seiner Frau Ilse am Waldrand wohnte, weit entfernt von allen anderen Häusern des Dorfes. Hans war vom Militärdienst befreit, weil er an Epilepsie litt. Das Paar war kinderlos, und Rafael fiel ihnen buchstäblich vom Himmel zu. Sie brauchten dringend eine Hilfskraft für den Hof und die Feldarbeit, weil sie dem Staat einen beträchtlichen Anteil der Ernte abliefern mussten.

Hans und Ilse beschlossen, Rafael bei sich zu verstecken, und lebten drei Jahre unter der Drohung der Todesstrafe, weil sie einen Juden in ihrem Haus verbargen. Die drei erlebten viele Momente panischer Angst. Aber Rafael, zum Leben verurteilt, wurde gerettet.

Nach dem Krieg verließ er Hans und Ilse, um seine Familie zu suchen. Als er herausfand, dass es niemanden mehr gab, beschloss Rafael, einsam und verwaist wie viele andere, Europa für immer zu verlassen und in das *Altneuland* auszuwandern. Auf dem Weg begegnete er vielen jüdischen Überlebenden und arbeitete als Freiwilliger in den Flüchtlingslagern der *Bricha*, wo wir einander begegneten.

Nach drei Tagen Seminar trennten wir uns in aller Herzlichkeit und blieben jahrelang in lockerem Kontakt. Ich wusste, dass Rafael einer der Hauptstützpfeiler seines Kibbuz war, verheiratet mit Nira, einer sephardischen Frau, deren Familie seit fünf Generationen im Land war. Sie half ihm sehr, sich in Israel und im Kibbuz zurechtzufinden. Ich wusste auch, dass sie einen Sohn hatten.

1988 machte ich eine Reise nach China. Zu meiner großen Freude entdeckte ich Rafael in unserer Gruppe. Aber nun sah er nicht mehr wie ein Filmstar oder ein junger Partisan aus. Er war noch immer gebräunt, ging aber gebeugt und sein Haar war grau. Zwei tiefe Falten der Verbitterung hatten sich in sein Gesicht gegraben. Er war schweigsam und wie erloschen, als befände er sich unter einer Glasglocke, so dass nichts zu ihm durchdringen konnte.

Es war eine besondere Reise. China: das unbekannte Land, großartige Landschaften, neue, fremde Gerüche, ganz andere Menschen, eine ferne und geheimnisvolle Kultur. Aber anscheinend drang nichts von alldem zu Rafael. Er schaute und sah nicht, er lauschte und hörte nicht, vollkommen schweigsam und unzugänglich.

Am letzten Abend gingen wir zusammen spazieren, um von der zauberhaften Stadt Guillin Abschied zu nehmen, und da löste sich plötzlich seine Zunge, und er sagte: »Ich weiß, dass du über Dinge schreibst, die uns beiden wichtig sind, und deswegen werde ich dir etwas erzählen, was du nicht weißt – aber unter der Bedingung, dass du es niemandem erzählst, solange ich lebe. Nach meinem Tod schreib darüber, wo und wie immer du willst.«

»Rafi«, sagte ich munter, »du bist so gut in Form, dass du mich noch bei meiner Beerdigung beweinen wirst!« Aber ich versprach es ihm, und heute schreibe ich zum ersten Mal darüber.

Als spräche er zu sich selbst, erzählte mir Rafael in der Dunkelheit Chinas, dass seinerzeit, bevor er Deutschland nach Kriegsende verließ, sein Retter Hans sich an ihn gewandt und gesagt hätte: »Wir haben uns an dich gewöhnt wie an einen Sohn, aber wir verstehen, dass du deine Familie suchen möchtest. Ich habe nur eine Bitte – mach uns ein Kind, bevor du gehst, und versprich mir, dass du niemals zu uns und in dieses Land zurückkehrst.« Und so geschah es. Hans verbrachte diese letzte Nacht im Wald, und Rafael im Ehebett mit Ilse.

»Ich hatte in meinem Leben viele Frauen«, sagte Rafael, »aber niemals mehr ein so starkes Erlebnis. Ilse war meine erste Frau, sie war mir Mutter und Retterin. Das Bewusstsein, dass es das erste und letzte Mal war, steigerte die Sinnlichkeit.«

Nachdem er seine Erzählung beendet hatte, mussten wir ins Hotel zurückkehren und die Koffer packen. Am folgenden Tag erzählte mir Rafael während des langen Fluges, dass er seinen einzigen Sohn bei einem Unfall verloren hätte. Der Traktor, den sein Sohn gelenkt habe, sei im Schlamm gerutscht, habe sich überschlagen und seinen Sohn und zwei ausländische Freiwillige unter sich zermalmt.

»Von diesem Schlag«, sagte Rafael, »kann ich mich nicht erholen. Nira ist in einer schlimmen seelischen Verfassung, unsere Beziehung zerrüttet, und ich fühle mich wieder genauso einsam und überflüssig wie damals.«

Ich dachte viel über Rafaels Erzählung nach. Alles, was die Schoa betrifft und das Schicksal derer, die zum Leben verurteilt worden sind, fesselt mich mehr als alles andere in der Welt.

Vielleicht waren die Götter eifersüchtig auf seine Rettung, sein warmes Land, auf seine Schönheit, seinen Erfolg, auf seine neue Familie – wer weiß?

Während der letzten Jahre hielten wir nur losen Kontakt, was hauptsächlich an mir lag. Vor den Feiertagen ein unverbindliches Telefongespräch, empfindliche Themen vorsichtig meidend. Letzthin erfuhr ich über gemeinsame Bekannte, dass Rafael beabsichtigte, nach Deutschland zu reisen, um Hans und Ilse zu besuchen. Ich war erstaunt. Wusste ich doch von seinem Versprechen, nie im Leben dorthin zurückzukehren.

Später gab es nur die Todesanzeige und den Brief aus Deutschland, in dem es hieß: Ich erinnere dich an dein Versprechen. Jetzt kannst du schreiben. Ich habe nur wenige Worte hinzuzufügen. Trotz meines Schwurs bin ich nach Deutschland gefahren. Hans fand ich in einem Altersheim. Ilse ist vor einigen Jahren gestorben. Es war eine merkwürdige Begegnung: eine große Nähe und Fremdheit zugleich. Bevor wir uns trennten, fragte ich stotternd: »Kinder?« Hans drehte mir den Rücken zu, und beinahe flüsternd erwiderte er: »Ja, einen Sohn. Er fuhr nach Israel, zur Wiedergutmachung, und kam nicht zurück. Er wurde bei einem Unfall getötet. Der Traktor, mit dem er von der Arbeit zurückfuhr, rutschte im Schlamm, kippte um und zermalmte ihn und noch zwei andere. Und jetzt geh und komm nie wieder!« Am Ende wurde ich besiegt, fasste Rafael zusammen.

Später erfuhr ich, dass Rafael in Deutschland Selbstmord begangen und verfügt hatte, seinen Körper in einem Krematorium verbrennen zu lassen.

Klara oder Weltflucht

Ein Freund, der aus Indien zu Besuch kam, bestellte mir einen Gruß von ihr. Vielleicht, weil wir vor fünfundfünfzig Jahren dazu bestimmt gewesen waren, in derselben Grube zu sterben. Wir beide standen auf einer Liste von Leuten, die durch einen geheimen Austausch die Chance erhielten, das Ghetto zu verlassen und nach Palästina zu fahren. Wer konnte eine solche Torheit ernst nehmen? Deutsche Templer aus Palästina gegen den Rest der jüdischen Intelligenz in dem kleinen Ghetto meiner Stadt!

Aber – der Ertrinkende greift nach dem Strohhalm, und die Juden glaubten es und bezahlten Riesensummen in Dollars, um in die Liste aufgenommen zu werden. Und Geld allein genügte nicht. Zuerst musste man beweisen, dass man in Palästina Verwandte ersten Grades hatte: Eltern, Kinder oder Geschwister. Erst dann wurde das Geld akzeptiert.

Und dann kamen eines Abends mit schwarzen Planen verhängte Lastwagen, sammelten die auf der Geheimliste verzeichneten Menschen ein und fuhren sie anstatt in ein Hotel in Warschau zum jüdischen Friedhof außerhalb der Stadt, mähten alle mit Maschinengewehren nieder und warfen sie in eine Grube, die zu diesem Zweck ausgehoben worden war.

Wir beide waren dazu verurteilt, im Alter von elf Jahren in diesem Massengrab zu sterben. Wir waren die einzigen Überlebenden von allen Menschen, die auf der Liste standen. Ich, weil ich mich hartnäckig weigerte, in irgendein Palästina zu fahren, und erst recht mit meiner Kusine Tamara, mit der ich mich wegen irgendeinem Unsinn gestritten hatte. Und sie, weil die Kugel sie nicht getroffen hatte und sie mit den übermenschlichen Kräften eines lebensgierigen Mädchens aus der Grube voller Leichen kroch – darunter auch ihre Eltern und ihre kleine Schwester.

Vor der Aktion im großen Ghetto gingen wir in dieselbe Klasse, und alle Schülerinnen waren in den schwarzhaarigen Tolek verliebt. Im Sommer fand der Unterricht im Garten von Frau Batavia statt, im Winter in den Häusern der Klassenkameraden. Wir mussten die Häuser immer wieder wechseln, denn im Ghetto war Schulunterricht per Gesetz verboten. Die Kinder der Juden seien ohnehin zu klug, daher sollten sie arbeiten statt lernen.

Der Sommer im Garten war besonders schön, dort stand ein alter Kastanienbaum, blühte die Linde, der Duft nach Flieder erfüllte die Luft mit Vorkriegsduft. Sobald eine Razzia für den Transport in die Lager stattfand, taten wir, als würden wir ein Kartoffelfeld bearbeiten. Wir saßen in der Gartenlaube, und jeder lernte sein Lieblingsfach. Frau Batavia ahnte wahrscheinlich, dass uns kein langes Leben bevorstand, und wollte nicht, dass wir leiden. Vielleicht fühlte sie sogar, dass wir noch genug leiden würden. Die Hälfte unseres Frühstücks spendeten wir den Flüchtlingskindern aus den umliegenden Städtchen und Dörfern; uns erzog man noch zur Nächstenliebe.

Schon vor dem Krieg war Klara ein seltsames Kind. Wenn es dämmerte, versteckte sie sich unter dem Tisch, und im Herbst litt sie unter einer richtigen Depression. Sie weinte und schrie, dass sie sich vor etwas fürchte, als es wirklich noch nichts zu fürchten gab. Möglicherweise prophezeite ihr Herz das bevorstehende Schicksal.

Als wir uns viele Jahre später in Israel begegneten, erzählte sie mir, dass sie nach Amsterdam gefahren sei, um sich bei einem bekannten Professor einer hypnotischen Behandlung zu unterziehen und Dinge über sich zu erfahren, die sie nicht wusste. Als Letztes konnte sie sich an Schüsse, Stöhnen und Wimmern erinnern. Dann verlor sie offensichtlich das Bewusstsein. Plötzlich fühlte sie Kälte und Nässe, Dunkelheit und Stille ringsum. Voller Panik rannte sie, als ob jemand sie in der Dunkelheit verfolgte. Gelangte an irgendeine Treppe. Klopfte aus Leibeskräften an irgendeine Tür. Eine verschlafene Nonne öffnete ihr mit dem erstickten Schrei »Jesus Maria« und zog sie ins Innere. Man gab ihr zu trinken und zu essen, sie wurde gewaschen und in ein sauberes Bett gelegt.

Lange Zeit war sie krank und unfähig zu sprechen. Man brachte sie in das Waisenhaus eines anderen Klosters. Dort lernte sie beten und dort kehrte ihre Sprache zurück. Und so wurde sie gerettet.

Nach dem Krieg kam eine fremde Frau, sagte, sie sei eine entfernte Verwandte und werde sie nach Palästina mitnehmen, denn Klara sei Jüdin und dort sei ihr Platz. Klara wollte überhaupt nicht Jüdin sein und erst recht nicht nach Palästina fahren. Schemenhaft erinnerte sie sich, schon einmal in Palästina gewesen zu sein. Aber niemand fragte sie, was sie wollte, sondern man brachte sie in ein jüdisches Kinderheim. Damals war sie knapp vierzehn, und es gab Leute, die der Ansicht waren, dass die überlebenden jüdischen Kinder gesammelt und dem Judentum wiedergegeben werden und am Aufbau des Staates Israel mitarbeiten sollten. Im jüdischen Kinderheim weinte Klara unausgesetzt, schlief nicht und betete heimlich zu Jesus dem Barmherzigen und der heiligen Maria.

Später kam sie in das wirkliche Palästina, und dort war

wieder Krieg, diesmal unter dem betäubenden Duft der Orangenblüten. Klara mochte weder das Land noch die Landschaft und vor allem nicht das Klima. Aber sie liebte die Jungen, und die Jungen liebten sie, sie war groß und blond mit vollen Brüsten und einem Überfluss an Hormonen.

Wie die meisten Einwanderer schloss sie sich einem Kibbuz an, aber exzentrisch wie sie nun einmal war, fand sie sich dort nicht zurecht und ging fort. In Haifa begegnete sie einem Einwanderer aus Marokko, Sohn einer weitverzweigten Familie. Er verliebte sich in das blonde Haar, sie in die weitverzweigte Familie. Tagsüber war das Leben erträglich, aber nachts fürchtete sie sich einzuschlafen, denn sobald sie die Augen schloss, war sie wieder in dem anderen Palästina, auf dem jüdischen Friedhof. Gern hätte sie ihren jungen Ehemann geliebt, denn das Leben hatte sie nicht mit Wärme und Zärtlichkeit verwöhnt. Aber sobald er in ihr war, war sie wieder in der schwarzen Grube. Sie wollte keine Kinder. Unter gar keine Umständen. So hatte sie entschieden. Ihr Mann war dem allen nicht gewachsen, und nach kurzer Zeit verließ er sie unter schweren Schuldgefühlen.

Klara beschloss, von vorn anzufangen. Sie zog nach Tiberias. Arbeitete bei einer Bank. Lernte Englisch. Verdiente gut. Sie erhielt Wiedergutmachungsgelder aus Deutschland, und an den Abenden saß sie am Ufer des Sees Genezareth und betrachtete den Sonnenuntergang. Häufig hatte sie Lust, auf dem Wasser zu gehen wie Jesus von Nazareth, aber einstweilen ging sie schwimmen und suchte Psychologen und Psychiater auf. Natürlich halfen sie ihr in keiner Weise, abgesehen von einigen, die nachts auch nicht mehr schlafen konnten. Dem Anschein nach tat sie alles, was man von ihr erwartete, tatsächlich aber ging es ihr sehr schlecht.

Später zog sie nach Tel Aviv und besuchte einen Kurs

für Fremdenführer im Beit Berl College. Trotz ihres Alters schloss sie den Kurs mit Auszeichnung ab und begann, Gruppen von Israelis nach Europa zu führen. Sie schlief mit Hilfe von Tabletten und Alkohol. Sie war einsam und unglücklich. Sie tat alles, was in ihrer Macht stand, um zu leben. Sie dachte auch an Selbstmord, kam aber zu der Einsicht, dass das Leben ohnehin bald zu Ende gehen würde.

In den siebziger Jahren begann sie sich für Zen-Buddhismus zu interessieren, schrieb sich an der Universität ein, um ihn gründlich zu studieren. Anschließend fuhr sie nach Indien und kehrte nicht zurück. Sie gelangte zum Ashram des Bhagwan Shree Rajneesh in Poona, der von dessen Schülern, jungen Deutschen, geleitet wurde. Dort fand sie endlich Ruhe und eine Art Glück, das sie ihr ganzes Leben vergeblich gesucht hatte.

Jetzt trägt sie eine lange bordeauxrote oder weiße Kutte, übt sich in den Tantra-Seminaren und wiederholt ihr Mantra in nicht enden wollender Meditation.

Palestinschik

Man nannte ihn Palestinschik. Er sah aus wie ein Roma und war ein israelischer Jude aus Polen. Er wurde Anfang der dreißiger Jahre in Siemiatycze, in der Nähe von Białystok, geboren. Als Kind wurde er Sohn von Palestinschik gerufen, weil sein Vater einst nach Palästina gefahren und nach Siemiatycze zurückgekehrt war. Das war zu jener Zeit, als Palästina noch nicht wusste, dass es das ersehnte Ziel der Araber, nicht aber der zionistischen Juden werden sollte. Vor der Vernichtung wurde er von einem polnischen Hundefänger bewahrt, der Hunde jagte und tötete und Kinder von Juden rettete. So blieb er am Leben, der Einzige seiner großen Familie.

Ich lernte ihn 1946 in einem Flüchtlingslager in Deutschland kennen. Wir waren gleichaltrig. Ich kannte seinen richtigen Namen nicht, weil alle ihn Palestinschik riefen. Er sah genauso aus, wie wir uns einen *Sabre* vorstellten: dunkelhäutig, lockig, sonnenverbrannt und mutig. So war unser Palestinschik.

In einer kalten, dunklen Nacht, während unserer verzweifelten Flucht von der verbrannten Erde Europas in Richtung Mittelmeer, mussten wir heimlich die Grenze zwischen Österreich und Italien überschreiten. Wir kletterten über die verschneiten Alpen mit fünf Kilo schweren Rucksäcken bepackt. Das Atmen fiel uns schwer, weil wir im schnellen Gänsemarsch gingen und uns mit den bloßen Händen an den verschneiten Büschen festhielten. Wir hatten Mühe, die eisigen Füße aus dem tiefen Schnee zu ziehen, ruhten nur im Stehen, denn das Sitzen war – auch nur für einen Augenblick – verboten. Wer sich hinsetzte, stand nicht mehr auf, denn er verfiel augenblicklich in einen süßen Schlaf und wurde zu einem Eisblock. Solch ein Eisblock konnte die Fluchtroute der Gruppe verraten. Damals war ein Menschenleben sehr billig, auf alle Fälle billiger als eine Spur für Tausende andere Flüchtlinge.

Ich erinnere mich nur daran, dass Palestinschick mir seine Hand zur Hilfe entgegenstreckte, als ich von der langen Kletterei erschöpft war und der Schnee, mit dem ich meine Schläfen und meine aufgesprungenen Lippen rieb, nicht mehr half. Denn so war er: immer hilfreich auf Seiten der Schwachen und Bedürftigen.

Später kam er nach Palästina und nahm am Unabhängigkeitskrieg teil. Wie durch ein Wunder überlebte er die Schlacht bei Latrun, bei der viele junge Leute getötet wurden, darunter Neueinwanderer, die – direkt vom Schiff kommend – mobilisiert und in den Kampf geschickt wurden, ohne auch nur die Befehle zu verstehen. Sie fielen dort, vergessen und anonym.

Nach dem Ende des Unabhängigkeitskrieges siedelte er sich an der Nordgrenze an, gründete einen Kibbuz und eine Familie und nannte seine Kinder Adam und Eva. Er gehörte immer einer linken Partei an, nahm an jeder Demonstration für die neuen Palästinenser teil. Er gab sich den Namen Pinchas Zehavi, da hieß Palästina bereits Israel.

Später besuchte er seine Geburtsstadt Siemiatycze, und von dort schrieb er: Das Städtchen Siemiatycze ist nicht mehr, was es einst war. Alles ist klein geworden, grau und elend. Ich verstehe nicht, was der Kamionka geschah, unserem, breiten und schönen Fluss. Auch er ist zu einem trüben

Bach geschrumpft, der träge unter der Brücke dahinfließt. Vielleicht haben sich meine Begriffe von Größe und Weite nach all diesen Jahren geändert, und vielleicht beweint sogar die Natur selbst das Vakuum, das die Juden hinterlassen haben, und schrumpft vor Trauer. Das Städtchen Siemiatycze, das in meinem Innern mit kindlicher Liebe eingraviert war, existiert nicht mehr und wird nie mehr sein, was es war. Die Stadt, die in den Herzen meiner Lieben wohnte, ist vom Erdboden verschwunden. Unsere schöne alte Synagoge hat überdauert, um als Scheune für Getreide und Stroh zu dienen, ohne ein Zeichen der Vergangenheit. Ich erinnere mich, dass das Ghetto zu beiden Seiten des Friedhofs lag. Im Herbst 1942 führte man meine Lieben von dort zu Fuß in den Tod, nach Treblinka. Ich muss fort von hier, solange ich noch atme, denn die Steine brennen unter meinen Füßen und Stimmen der Vergangenheit rufen mich von jeder Tür und jedem Fenster.

Einige Jahre später, im Sommer 1989, fuhr Palestenschik mit dem Bus nach Jerusalem. Diesen Bus stürzte ein arabischer Terrorist in den Abgrund. Und unser Palestinschik, der gerade und tapfere, der unermüdlich für die Rechte und für einen Staat der Palästinenser eingetreten war, wurde von ihnen in einem blutigen Bus auf dem Weg nach Jerusalem ermordet.

Man nannte ihn Palestinschik, er sah aus wie ein Roma und war ein israelischer Jude aus Polen.

Batya

Er wacht über sie Tag und Nacht, wie ein Engel Gottes, auf dem unebenen, endlos scheinenden Pfad.

Sie fahren in Eisenbahnen, auf Karren und Lastwagen, schleppen sich zu Fuß und auf Fahrrädern durch Schlamm und Staub, bei Hitze, Kälte und Regen, durch die Trümmer Europas nach sechs Jahren Krieg.

Nachts stehlen sie sich über Grenzen. Mit ihren letzten Kräften klettern sie über die verschneiten Alpen, zusammen mit einer Menge anderer Flüchtlinge in einem bunten Sprachgemisch. Die Eisenbahnen sind überfüllt, schreiende, heulende Kinder drängen sich neben Säcken und Bündeln. Unvermutet, ohne ersichtlichen Grund, halten die Bahnen mitten auf einem verlassenen Feld und niemand weiß, wann sie sich wieder in Bewegung setzen werden. Alles, was er besitzt, teilt er mit ihr. Bezaubert von ihrer Zerbrechlichkeit, ihrer Hilflosigkeit, ihrer Fremdheit und ihrer geheimnisvollen weiblichen Macht.

Das geschieht im Herbst 1945. Die Luft ist von der Feindseligkeit der Menschen erfüllt, von Hunger und dem nahenden Winter. Aber wie Hänsel und Gretel im Märchen, die vor der bösen Hexe fliehen, flüchten sie vor dem verfluchten Kontinent, suchen Wärme und Sonne. Nach Osten. Wieder sind sie gezwungen, ihre wahre Identität zu verbergen, vom Roten Kreuz mit falschen Papieren ausgerüstet, die sie als Griechen ausweisen, die aus den Lagern in ihre Heimat zurückkehren.

Noch haben sie keine Ahnung, dass sie über zwei Jahre auf diese Weise herumreisen werden, bevor sie in das von der Sonne ausgedörrte, mit Steinen übersäte Wüstenland Palästina kommen werden, in dem andere Menschen wohnen, die es für sich allein haben wollen. Noch wissen sie nicht, welchen Preis sie bezahlen werden für die Freiheit und ein Leben in der neuen Heimat.

Aaron wurde in einem abgelegenen polnischen Schtetl geboren, seine Familie war fromm und arm. Bereits in seiner Kindheit bestimmten seine Eltern ihn zum Rabbi; er lernte in einem *Cheder* und später in einer *Jeschiwa*. Zuhause sprach er Jiddisch, beherrschte das Hebräisch der Gebete und konnte ein wenig Polnisch. Trunken vor Liebe, blickt er bewundernd auf seine Geliebte, als sei sie der heilige Thora-Schrein, und versteht überhaupt nicht, dass Batya – einst Basie –, zehn Jahre jünger als er, seit ihrer Kindheit verwaist (Auschwitz) und von Nonnen gerettet, sich nur mühsam am Leben hält.

Nach drei Jahren Wanderschaft durch die Flüchtlingslager (Tschechoslowakei, Deutschland, Italien und Zypern) gelangen sie endlich an die Gestade des verheißenen Landes. Während der ersten Jahre in Israel wohnen sie im arabischen Akkon, einstiger Kreuzfahrerhafen und bereits in der Bibel erwähnt. Aaron nimmt am Unabhängigkeitskrieg teil, arbeitet dann als Bauarbeiter und lernt abends Buchhaltung. Batya schenkt drei Kindern das Leben.

Fasziniert von der Mutterschaft und ihrem eigenen Heim, sorgt sie zunächst hingebungsvoll für Kinder und Mann und kümmert sich um ihren Haushalt. Aber die tägliche Routine ermüdet sie, und sie flüchtet vor der stumpfsinnigen Eintönigkeit des Familienlebens in die Krankheit. Ihre Kinder, selbstbewusst, lärmend, braungebrannt und barfüßig, sind ihr fremd. Zuweilen erregen sie in ihr sogar Abscheu. In ihrer

Fantasie sieht sie ihre Freunde im Kloster und sehnt sich nach Ruhe, Kühle, nach dem klösterlichen Leben, erfüllt von stillem Gebet und himmlischer Musik. Und so schlüpft sie, obwohl Aaron gut über sie wacht, aus seinen beschützenden Armen und greift – wie einst Eva im Paradies – nach der verbotenen Frucht. Die Schlange erscheint in Gestalt eines bekannten Gurus aus Indien.

Zu Beginn nimmt Batya einmal wöchentlich an den Meditationsübungen teil. Später geht sie täglich dorthin. Bis sie schließlich das Haus verlässt, Aaron und die drei Kinder im Stich lässt, um sich ganz und gar in den Wirbel des Hinduismus zu stürzen. Mit glatt rasiertem Schädel (wie im Ghetto nach dem Typhus), in einem fast durchsichtigen weißen Baumwollkleid und bunten Perlenschnüren tanzt sie in den Straßen der Städte, schlägt die Handtrommel, singt dazu monoton »Hare Krishna, Hare Rama« und bettelt für ihren Guru. Sie wohnt in einer Kommune und begnügt sich mit einer Schale Reis und gekochtem Gemüse. Sie sieht aus wie hypnotisiert und sagt, sie sei glücklich.

Ab und zu kommt sie, fast wider Willen, um ihre Kinder zu sehen, und stiehlt sich nach einigen Tagen leise bei Nacht davon. Ohne sich zu verabschieden, verlässt sie das Land, schickt zwei belanglose Ansichtskarten aus London, dann verliert sich ihre Spur. Eines Tages bekommt Aaron ein Telegramm mit der Nachricht vom Tod seiner Frau in einem Amsterdamer Krankenhaus für anonyme Drogenabhängige.

So verlässt Batya – Tochter Gottes – die Welt, verlassen von ihren Göttern: Jahwe, Jesus, ja sogar von Krishna.

Daniel

Nach fünfzig Jahren beschloss Daniel, in seine Heimatstadt zurückzukehren. Plötzlich ergriff ihn eine starke Sehnsucht, seinen Fuß auf den Boden zu setzen, wo sich Dramen abgespielt hatten, die Dantes Inferno erblassen ließen.

Als er im Januar 1945 das Lager verließ, einen Meter achtzig groß bei dreißig Kilo Gewicht, beschloss er, ein neues Leben zu beginnen: niemanden zu suchen, niemals mehr in dieses Land zurückzukehren, nur der Zukunft zu leben. Sich satt essen, eine Menge Geld machen, Weltreisen unternehmen und jede Nacht in den Armen der schönsten Frauen liegen.

Er war der Ansicht, nachdem er heil der Löwengrube entkommen war, stünden ihm alle Schätze des Lebens zu. Er entschied, keine Familie zu gründen, damit er niemandem verpflichtet sei. Und vor allen Dingen wollte er keine Kinder in diese verrückte Welt setzen, denn er erinnerte sich, wie viele Male er bedauert hatte, überhaupt geboren worden zu sein.

Jetzt ist er Millionär, in seiner Jackentasche ruhen zwei Pässe: ein amerikanischer und ein israelischer, und die Flotte seiner Schiffe segelt auf allen Meeren, transportiert Touristen und Waren aller Art von einem Ende der Welt zum anderen.

Er hätte in seinem privaten Jet von New York nach Warschau fliegen können und wäre am Flughafen von einem Fahrer mit Limousine erwartet worden. Aber er zog es vor, ein reguläres Ticket zu kaufen. Ein unrasierter Fahrer mit zwei goldenen Vorderzähnen fuhr ihn in einem maroden Taxi in seine Geburtsstadt.

Obwohl es bereits Sommer war, war die Luft noch kühl. Ein leichter, lästiger Regen fiel und der Himmel hing grau und tief über seinem Kopf. Neben dem Gestank nach Rauch und Teer nahm er hin und wieder den vertrauten und betäubenden Duft des blühenden Flieders wahr. Langsam und schweren Schritts ging er durch die Gassen seiner miserablen Kindheit, blickte auf die vernachlässigten Häuser und dachte, dass er, wenn er nur wollte, diese Stadt renovieren lassen und zu einer wahren Perle machen könnte. Er dachte an den *Besuch der alten Dame* von Dürrenmatt und überlegte, was sie sich wohl an seiner Stelle wünschen würde.

Unschwer fand er die enge Straße und das kleine Haus, das er einst mit seiner Großmutter bewohnt hatte und mit seinen Eltern, seinen Schwestern und Moniusz, seinem Zwillingsbruder.

Nichts hatte sich hier verändert. Als wären nicht über fünfzig Jahre vergangen, nur dass alles geschrumpft und in den grauen Schlamm gesunken war. Hier, in diesem kleinen Alkoven, saß einst, eingehüllt vom Geruch nach Leim und Staub, sein Vater, der Schuster, auf einem niedrigen Schemel, den Mund voller kurzer Holznägel, mit denen er flink Sohlen und Oberleder befestigte; so flickte er die Schuhe seiner mittellosen jüdischen Nachbarn. Daniel stand da, erschüttert; dem Anschein nach ein älterer Tourist, auf dem Kopf einen hellen italienischen Panamahut, einen leichten, eleganten Regenmantel um die Schultern, an den Füßen neue Schuhe aus der Schweiz. Tatsächlich aber der kleine jüdische Junge im Flickenmantel mit einer schäbigen Kappe, an den Füßen feuchte, zerrissene Schuhe, die der Vater keine Zeit hatte zu flicken, weil er Geld für den Schabbat verdienen musste.

Nicht von ungefähr heißt es, der Sohn des Schusters geht barfuß, scherzte sein Vater auf Jiddisch und flüsterte ihm dann auf Polnisch zu: Am Sonntag, am Sonntag reparier ich deine Schuhe und dann sind sie wie neu.

Aber es gab keinen Sonntag mehr. Am Schabbat schleppten die Deutschen alle Juden der Stadt nach Belzec. Bis auf den letzten. Und erschossen sie. Und nur ihm allein gelang es, in den Wald zu entkommen. Er kletterte auf den höchsten Baum, saß dort vierundzwanzig Stunden, erstarrt vor Kälte und Hunger. Und als er von dem Baum heruntersteig, übergab ihn der Förster den Deutschen, für einen Viertelliter Wodka.

Und plötzlich explodierte etwas in ihm, zerriss ihn innerlich und erfüllte ihn mit großem Mitleid für die Deutschen und für sich selbst. Ein haarsträubender Gedanke schoss ihm durch den Kopf und erfüllte ihn mit Schrecken: Wenn es keinen Krieg gegeben hätte und alles, was deswegen geschehen war, dann wäre er vermutlich sein ganzes Leben mit jenen Menschen zusammengeblieben. Dann säße er heute, wie damals sein Vater, auf dem niedrigen, rissigen Lederschemel, den Mund voller Nägel. Ohne die blaue, in seinen Arm gebrannte Nummer. Er hätte nicht fließend sechs Sprachen beherrscht, keine Flotte von Schiffen, keine Reisen quer durch die Welt gemacht. Hätte nachts keine Albträume, die er gelegentlich zwischen die samtenen Schenkel gepflegter Frauen versenkte. Und vielleicht, vielleicht hätte er auch nicht diesen Tumor im Gehirn, der bald erbarmungslos alles und alle aus seinem Gedächtnis auslöschen würde. Und dann würden sie ein weiteres und letztes Mal sterben, mit ihm. Etwas in ihm schluchzte auf, als er sich an die Worte eines Gedichtes erinnerte, das er einmal gelesen hatte:

In mein Grab nehm ich euch mit mir,
und wir werden wirklich tot sein, vielleicht endlich
die rechte Ruhe finden, wir, die Geretteten
und Opfer dieses wie Galle bitteren Jahrhunderts.

Siva

Alles hätte gut ausgehen können, wenn ich nicht so unersättlich gewesen wäre, dachte sie, während sie todmüde die Gangway hinaufstieg. Was fehlt mir in meinem Leben, dass ich diesem Unglück nachjagen muss, dachte sie weiter, als sie abwesend den Sicherheitsgurt schloss. Ihr wurde plötzlich klar, dass sie keinerlei Energie mehr besaß. Sie war vollständig ausgehöhlt und ihr fehlte die Kraft, ihr bisheriges Leben wiederaufzunehmen und sich mit der neuen Situation auseinanderzusetzen, die ihr das Schicksal bestimmt hatte.

Voller Abscheu wischte sie ihr Gesicht mit dem warmen, feuchten Tuch ab, das ihr eine Stewardess mit berufsmäßigem Lächeln reichte, ein Versuch, den Geruch der Küsse jener alten Frau wegzuwischen, die sie wiederholte Male angefleht hatte, sie »Mutter« zu nennen. Aber dazu war sie nicht fähig. Völlig verwirrt, wollte sie nur fort, so schnell sie konnte, fort aus der prächtigen Wohnung, die Tür hinter sich zuschlagen und diese Begegnung, die nie hätte stattfinden dürfen, aus dem Gedächtnis löschen.

Während der langen Jahre als Waise schuf sie sich das Bild einer Mutter, eingehüllt in den Duft nach Jasmin, mit einem blonden Pferdeschwanz, schlank, hochgewachsen und mit den langen, braunen Beinen einer Gazelle. Mit einem hellen Lachen brachte sie sie zu Bett und sang mit einer warmen Altstimme: »Schlafe, schlaf mein Kind, schließ die Augen, meine kleine Prinzessin.« Und der Vater, mit dichtem schwarzem Theodor-Herzl-Bart, sang ihr polnische

Trinklieder vor. Schwang sie mit seinen starken Armen bis zur Zimmerdecke, und während sie noch vor süßer Furcht schwer atmete, fing er sie im letzten Moment auf, bevor sie auf den Steinboden fiel und wie ein Glaskrug in tausend Splitter zerbrach.

Das alles malte sie sich aus, aber in Wirklichkeit war sie eine verlassene Waise, in einem Wäschekorb neben den Eisenbahnschienen ausgesetzt, irgendwann zwischen 1941 und 1942, der Zeitspanne der deutschen Besatzung in Polen, dem Tiefpunkt der jüdischen Hölle. Ein Junge nahm den Korb mit nach Hause und dachte, seine Mutter werde sich über den Korb und die Wäsche freuen. Tatsächlich zeigte die Mutter großes Interesse für das Bettzeug aus feinstem Damast. Und vor allem freute sie sich über die beiden goldenen Trauringe, die im Saum des von Urin beschmutzten Nachthemds des Babys eingenäht waren. Sie hatte nicht das Herz, das kleine Mädchen den Deutschen auszuliefern, und bot es ihrer kinderlosen Schwägerin an: Nimm sie, bat sie eindringlich, dann hast du eine Tochter, lass sie bei euch im Dorf taufen, und niemand wird je etwas erfahren. Aber die Schwägerin blieb lieber kinderlos, als ein jüdisches Kind aufzuziehen. Trotzdem wollten die beiden strenggläubigen Katholikinnen das Kind nicht den Deutschen ausliefern, deshalb brachten sie es zu den Nonnen ins nahe Kloster.

So wuchs das Mädchen in Klöstern, in christlichen und nach dem Krieg in jüdischen Waisenhäusern auf. Sie hieß Zosia und nachher Siva. Weitere biografische Einzelheiten erfuhr sie erst viele Jahre später.

Ich begegnete ihr das erste Mal in einem Kurs an der Universität. Doktor Siva Gafni hielt Vorlesungen über das Thema »Die Waise in der Weltliteratur«. Ich betrachtete sie, fasziniert von ihrer prachtvollen dunklen Schönheit und ihrer ruhigen Selbstsicherheit. Mit Genuss hörte ich ihr fließendes, anschauliches Hebräisch, reich an Zitaten aus alten jüdischen Quellen, ihre etwas heisere Stimme, ohne den leisesten fremden Akzent, und ich dachte mit einem Anflug von Trauer, dass ich auch so hätte sein können, wenn ich hier geboren wäre, eine echte gebildete Sabra.

Dann brach wieder ein Krieg aus, einer unserer kurzen Kriege, die es von Zeit zu Zeit gab, und dann kam der Frühling voller Düfte und mit einem Überfluss an Festivals: Theater, Film, Ballett, Jazz und klassische Musik. Als hätten wir einen triftigen Grund für diese Feste.

Eines Schabbatmorgens fuhr ich mit meinem Mann zu einer Matinee in der Kirche von Abu Gosch. Auf dem Programm stand unter anderem Brahms' Schicksalslied. In der Pause sagte mein Mann: Ich möchte dich mit meinem alten Freund Uri und seiner Frau Siva bekannt machen. Mit Uri war ich im dritten Bataillon des Palmach. Wir kämpften zusammen im Unabhängigkeitskrieg, waren unter den Eroberern von Safed. Ich habe ihn eine Ewigkeit nicht gesehen.

Uri begegnete mir mit Wärme und Herzlichkeit, Siva dagegen kühl und zurückhaltend. Bereits damals bemerkte ich eine gewisse Gefühlskälte an ihr. Erst als ich ihr erzählte, dass ich einige Jahre zuvor ihre Vorlesungen gehört hatte, taute sie etwas auf. Wir gingen in ein arabisches Restaurant. Die Männer tranken Mineralwasser und wir Wodka. Da sie mit dem Bus gekommen waren, nahmen sie unser Angebot, mit uns im Auto nach Tel Aviv zurückzufahren, freudig an. Auf der Rückfahrt summte ich eine polnische Melodie, die man dort im Mai singt; schließlich war es fast Sommer, die Felder färbten sich golden mit Garben von Stroh, die Sonnenblumen neigten in der Hitze ihre schweren Köpfe, und der betäubende Duft der Orangenblüte lag in der Luft. Ich war überrascht, als Siva in mein Summen einstimmte. Es stellte sich heraus, dass sie viele polnische Volkslieder kannte, hauptsächlich aber Kirchenlieder. Sie war wie ich in Polen geboren und wie ich ein Kind der Schoa, zehn Jahre jünger als ich. Der Anschein täuscht manchmal, dachte ich. Auf meine Frage nach ihrer Rettung antwortete sie ausweichend.

So entstand durch die Melodien und Worte aus unserer tragischen Kindheit eine herzliche Beziehung, beinahe eine Freundschaft zwischen uns. Wir führten lange Telefongespräche über literarische und persönliche Themen. Ab und zu trafen wir uns in einem kleinen Café, plauderten, lachten über uns und über andere und kauften Kleider – wie andere Frauen in unserer Stadt auch. Im Laufe der Jahre erzählte sie mir, dass sie nach dem Krieg mit anderen geretteten Kindern nach Nahalal gebracht worden war. Sie sagte, dass sie nicht wisse, wann und wo sie geboren sei, ihren wahren Namen nicht kenne, sich nicht an ihre Eltern erinnern und nicht weinen könne. Uri, zwölf Jahre älter als sie, lernte sie in ihrem ersten Studienjahr kennen. Er war Dozent. Jeder Psychologe würde sofort sagen, dass sie in ihm ihren Vater gefunden hatte. Ohne Gewissensbisse hatte sie ihn seiner Frau weggenommen, und als ihre Freundinnen fragten, was sie seiner kleinen Tochter antue, antwortete sie kurzangebunden: Gar nichts. Schließlich hat sie Vater und Mutter. Und ich, die ich weder Vater noch Mutter hatte, bin nicht so schlecht davongekommen.

Professor Uri Gafni aus Rehovot stammte aus einer Familie, die 1882 mit der ersten Einwandererwelle, den Pionieren der Bilu-Gruppe, aus Russland in Palästina einwanderte, um sich dort anzusiedeln. Eine Familie, die heute in Israel zur Aristokratie gezählt wird – wie die Nachkommen der legendären Mayflower in Amerika.

Die Familie Gafni nahm Siva eher kühl auf: So eine haben wir nicht erwartet, sagten sie. Erst im Lauf der Jahre, nachdem sie ihren Doktor in hebräischer Literatur gemacht und drei robuste Kinder zur Welt gebracht hatte, wurde sie in den aristokratischen Schoß der Familie aufgenommen. Aber da brauchte sie ihre Anerkennung schon nicht mehr.

Uri, ein gutaussehender und sehr selbstbewusster Mann, hatte immer Erfolg bei Frauen. Ein großer, etwas gebeugter Mann, stets eine Pfeife zwischen den Lippen, pflegte er sich charmant mit der Hand durch seinen bereits leicht ergrauenden Haarschopf zu fahren. Sein Benehmen war makellos, wie von einem Oxfordabsolventen zu erwarten. Mit seinem Humor, dem spitzbübischen, die Herzen erobernden Lächeln des Sabre der Palmach-Generation war er stets der Mittelpunkt jeder Gesellschaft. Uri liebte und verehrte Siva, aber das hinderte ihn nicht daran, sie bei jeder Gelegenheit zu betrügen, was im Israel der sechziger und siebziger Jahre allgemein akzeptiert wurde und die Männlichkeit unserer Jungen sozusagen bewies. Ich weiß nicht, wie sie damit zurechtkam, denn darüber sprachen wir nie; vielleicht zog sie es vor, es nicht zu wissen.

Ende der achtziger Jahre lebte die Familie Gafni für einige Jahre in den Vereinigten Staaten. Uri hatte einen Lehrstuhl an der Columbia University erhalten und Siva leitete im Auftrag der israelischen Botschaft ein zionistisches Seminar. Vor der Reise trafen wir uns, und Siva erzählte mir, dass sie beschlossen habe, an einem besonderen Radiofeature teilzunehmen, einer israelisch-polnisch-amerikanischen Gemeinschaftsproduktion, »Familiensuche« genannt. Sie sagte, bei ihren alljährlichen ärztlichen Untersuchungen werde sie immer nach Krankheiten in der Familie gefragt, wovon ihr natürlich nichts bekannt sei. In letzter Zeit sei sie sehr besorgt wegen ihrer genetischen Anlagen und der ihrer Kinder und Enkel.

»Vielleicht finde ich jemanden, Bekannte, Nachbarn oder entfernte Verwandte, jemanden, der meine Familie kannte und mir etwas über mich erzählen könnte. Zum Beispiel, wo und wann ich geboren wurde, wie ich hieß und wer meine Eltern waren. Vielleicht hatte ich Brüder oder Schwestern? Kurz: Wer bin ich? Je älter man wird«, sagte sie erregt, »desto stärker wächst das Interesse an der Vergangenheit, denn die Zukunft wird kürzer.«

Dann reisten sie ab, und unsere Verbindung war für einige Zeit unterbrochen. Eines Tages erschien in der Zeitung ein Interview mit ihr. Mit der ihr eigenen Zurückhaltung und Kühle erzählte sie, dass mittels der Listen von Wanda Sokołowska und dem Radiofeature ihre Mutter in Miami Beach entdeckt worden sei sowie ein jüngerer Bruder, der erst nach dem Krieg zur Welt gekommen war. Glücklich rief ich sie sofort an. Wir trafen uns in unserem Café. Ich war richtig erschrocken. Das war nicht mehr dieselbe Frau. Statt der gepflegten, eleganten, zurückhaltenden Siva traf ich eine vernachlässigte Frau, seelisch zerrüttet, ohne Make-up und ungekämmt.

»Wo war sie all die Jahre?«, fragte sie zornig. »Warum hat sie mich nicht gefunden, als ich nachts nach ihr rief? Was hab ich mit dieser fremden kranken Alten zu tun, die mich am Telefon anflehte, Mutter zu ihr zu sagen, dann wäre alles in Ordnung? Was für eine Ordnung? Dieses schwarze Loch meines Waisentums kann man nicht ausfüllen! Was denkt sie sich? Fünfundfünfzig Jahre hat sie auf mich verzichtet! Und dieser Bruder? Wie angenehm für ihn, all die Jahre der verwöhnte einzige Sohn zu sein, und jetzt möchte er jemand, der sich mit ihm in die Pflichten gegenüber seiner kranken

alternden Mutter teilt! Wer braucht überhaupt nach fünfundfünfzig Jahren Waisentum eine Mutter, wenn man selbst
schon Großmutter ist?« Sie redete erhitzt, während sie sich
eine Zigarette nach der anderen ansteckte und abwechselnd
Wodka und Bier trank. Am folgenden Tag sollte sie nach
Amerika reisen, um sich mit ihnen zu treffen.

»Wer bin ich eigentlich?«, fragte sie verzweifelt: »Ich
kann doch nicht plötzlich Lilka Kornberg werden und Zosia
und Siva und meine gesamte Existenz bis auf den heutigen
Tag aufgeben!«

Während ich sie so ansah und ihr zuhörte, erinnerte ich
mich an einen Satz, den ich einmal bei Henryk Grynberg gelesen hatte: »Wir mussten einen sehr hohen Preis dafür zah-
len, dass wir gerettet worden waren. So hoch, dass der Tag
kommen wird, an dem all unsere Quellen bis auf den Grund
erschöpft sein werden.« Und plötzlich begriff ich, dass genau das Doktor Siva Gafni geschehen war. Sie hatte die
Kraft gehabt, bis jetzt ein normales Leben zu führen, wie alle.
Heiraten, Kinder aufziehen, eine wissenschaftliche Karriere
aufbauen, ein Haus und ein gesellschaftliches Leben führen,
durchzuhalten, als ihre drei Söhne in diesem unmöglichen
Land ihren Militärdienst leisteten. Und jetzt war sie an dem
Punkt angelangt, an dem ihre Quellen erschöpft waren, und
es gab nichts mehr, woraus sie für diese neue Prüfung Kraft
ziehen konnte. Sie war erschöpft und kraftlos. Ich schlug
vor, sie zu begleiten. »Nein«, sagte sie mit unvermuteter Ent-
schiedenheit, »niemand kommt mit mir, weder Uri noch die
Söhne. Ich werde alleine fahren, den bitteren Trank, den ich
mir gebraut habe, trinken, denn ich wollte zu viel.«

Ich trennte mich von ihr mit dem Gefühl, dass ich sie
nicht wiedersehen würde. Draußen regnete es in Strömen, ein
richtiger Wolkenbruch. Den ganzen Weg nach Hause weinte

ich unter meinem Regenschirm, beweinte das Schicksal dieses Kindes der Schoa, die niemals zu Ende war.

Anstatt auf dem Kennedy Airport in die Maschine nach Tel Aviv umzusteigen, stieg Siva Gafni in einen Bus und fuhr in die Stadt. Im Zentrum Manhattans stieg sie aus, ohne ihren Koffer mitzunehmen. Es war mitten im Winter, es schneite und war sehr kalt. Häuser und Geschäfte waren farbenprächtig beleuchtet, der Himmel war grau und metallisch. In den Straßen eilten die Menschen mit bunten Weihnachtsgeschenken in den Händen. Sie setzte sich auf den Gehsteig gegenüber vom Hotel Lexington und dachte, die Enkel haben Eltern, die Söhne haben Frauen, Uri wird sich schnell mit einer seiner Studentinnen trösten, und ich kann meine schöne, in Jasminduft gehüllte Mutter und meinen Vater mit dem Herzl-Bart nicht verraten. Zu Tode erschöpft, sank sie allmählich in tiefen Schlaf wie in ein tiefes Wasser. Am folgenden Morgen sammelte die New Yorker Polizei sechsundfünfzig Leichen von Obdachlosen ein, die während der Nacht erfroren waren. Unter ihnen war auch Doktor Siva Gafni.

Ich stand auf dem Friedhof, lauschte dem Gebet *El maleh rachamim*, Gott des Erbarmens, und dachte, dass von Tag zu Tag immer weniger Menschen verstehen werden, dass Siva Gafni bereits tot war, als sie nach Amerika fuhr.

Elisheva

Sie sitzt an einem Tisch, der von einer weißen Wachstuch-
decke mit Kirschmuster bedeckt ist. Der Geruch von gebra-
tenen Zwiebeln und Kartoffeln reizt ihre Nase. Sie hätte sie
mit großem Appetit verschlungen, aber ihre Kehle ist wie
zugeschnürt, und sie kann nicht schlucken. Sie ist von Panik
ergriffen, ohne eigentlich zu wissen, weshalb. Frau Joanna
ist verwundert, dass sie, die stets Hungrige, die als Erste
alles isst, was auf ihren Teller kommt, jetzt mit ihrer Gabel
in den Kartoffeln herumstochert. Tante Frieda, jetzt Wanda
genannt, die »Mutter« gerufen werden muss, sieht sie mit
unterdrücktem Zorn an. Onkel Hermann, jetzt Jan genannt,
der »Vater« gerufen werden muss, ist wie immer in Gedanken versunken und bekommt nichts mit. Nur Herr Mietek,
der Sohn von Frau Joanna und dem einarmigen Herrn Bolesław, ein hochgewachsener Bursche mit wasserblauen Augen, ist bester Laune und trällert fröhlich ein Lied: »Lasst
uns in den Wald ziehn und den Kuckuck, Ku-kuck jagen ...«
Und sie ist voller Panik, dass eine der widerspenstigen Läuse,
die sie erst vor einer Woche aus dem Ghetto mitgebracht
hatte, von ihrem Kopf, wo sie sich rasant vermehren, auf das
Tischtuch fallen könnte.

Zwei Tage später kommt Frau Joanna in ihr kleines Zimmer und erzählt, ein junger Mann sei gekommen und bringe
sehr wichtige Neuigkeiten von der Familie in Częstochowa
für ihre Freunde, den Rechtsanwalt Hermann Steinhart und
seine Frau Doktor Frieda, aber er kenne ihre Adresse in

Warschau nicht. Vielleicht kennt Herr Jan die Leute und kann helfen, sie zu finden? Denn die Sache ist sehr wichtig! Onkel Hermann verzieht das Gesicht erstaunt und sagt, dass er diese Leute zu seinem Leidwesen nicht kenne und obwohl er sehr gern helfen würde, so könne er es nicht, denn, so betont er, wir kommen schließlich aus der Stadt Zawiercie. Zur Sicherheit verkündet Frau Joanna, dass der Bursche seine Freunde um fünf Uhr auf dem Platz der Drei Kreuze erwarte.

Woher zum Teufel kennt sie den Namen dieser Familie und alle Einzelheiten? Onkel Hermann wird nervös und flüstert uns zu, zieht euch schnell an, meine Damen, hier brennt der Boden unter den Füßen.

Tante Frieda zieht ihr graues Kostüm an und setzt den Hut mit dem schwarzen Schleier auf, um ihre lange Nase zu verbergen, und Elzunia nimmt den gelben Mantel, der ihr schon zu klein ist. An der Tür wirft der Onkel Tante Joanna ein gleichgültiges »Auf Wiedersehen« zu. In seiner Hand die schwarze Tasche, von der er sich niemals trennt, und sie sagt ruhig und entschlossen: Lass mir bitte Elzunia hier. Sie soll mir helfen, Kartoffeln zu schälen und Meerrettich zu reiben, den ihr so mögt.

Elzunia bleibt. Sie ist zehn und weiß, dass sie jetzt eine Geisel ist. Dass sie sich allein aus der Falle befreien muss. Und sie schafft es. Sie weiß nur nicht, wie sie es gemacht hat. Das ist eine Art schwarzes Loch. In Elzunias Biografie gibt es viele solcher schwarzen Löcher, aber sie hat nicht das Bedürfnis, sie zu erforschen.

Fünfundvierzig Jahre später sitzen sie im Garten, Elisheva, einst Elzunia, und der verwitwete Onkel Hermann, der aus Polen zu Besuch nach Israel gekommen ist; sie schlürfen genüsslich kalten Zitronentee. Die Luft duftet nach Honig und

Minze, und Onkel Hermann sagt nachdenklich, ich gäbe was darum zu wissen, wie die Hexe an unsere Namen und andere Einzelheiten gelangt ist.

»Wegen des Monogramms der Tante auf eurem Bettzeug«, flüstert Elisheva und senkt den Kopf. »Wie das?« Onkel Hermann ist nervös, wie immer. Auch mit weißem Haar ähnelt er mehr drei Nichtjuden als einem Juden. Es ist doch unmöglich, aus einem Monogramm Namen und Titel eines Menschen zu erraten.

»Ich war's, ich war's«, schluchzt Elisheva wie ein kleines Mädchen; fünfundfünfzigjährig, Mutter von drei erwachsenen Söhnen und Großmutter zweier Enkel: »Ich hab's ihr gesagt. Wir haben Wäsche zusammengelegt, wir falteten Laken und Bettbezüge, sie betrachtete die Initialen und begann zu raten: Vielleicht Fruma, Faige, Fella, Schneider, Spiegel, Stein …? Und ich – gedankenlos korrigierte ich sie: Steinhart. Danach ging alles von ganz allein. Częstochowa, Doktor, Rechtsanwalt, Hermann, Frieda. Schließlich schien sie mir eine Art Mutter Johanna von den Engeln. Sie gab mir zu essen, nach dem schrecklichen Hunger im Dorf und im Ghetto, und einmal streichelte sie sogar meinen Kopf, den verlausten Kopf. Ich vertraute ihr voll und ganz. Ihr wart nervös und gereizt, und sie sprach mit mir lieb und sanft, nahm mich mit in die Kirche und lehrte mich Weihnachtslieder.«

»Ich hatte immer den Verdacht, dass diese Hure all diese Einzelheiten aus dir herausgequetscht hat«, lächelte Onkel Hermann zufrieden, »schließlich bin ich ein erfahrener alter Fuchs. Joanna lockten unsere Koffer, Mietek gelüstete es nach unserem Geld und den Pfennigen, die die Deutschen als Kopfgeld zahlten. Später konnte diese Heilige Dreieinigkeit eine Riesensumme von anderen verzweifelten Juden nehmen, so wie sie uns ausgenommen hatten, und den Deutschen ausliefern. Und so genügte Bolesław ja auch eine Hand, um auf dem Platz der Drei Kreuze vor der Gestapo auf uns zu zeigen.«

»Weißt du, was aus ihnen geworden ist?«, fragt Elisheva. »Die Alten sind vor einigen Jahren gestorben, und Mietek arbeitete für die Sicherheitspolizei, schließlich war er ein erfahrener Informant.«

»Und was ist mit Theklusha, Großmutters Magd, die mich aus Frankes Haus führte, als ich das Ghetto zum zweiten Mal verließ, scheinbar zur Arbeit, und mich zu euch nach Warschau brachte?«

»Theklusha«, sagt Onkel Hermann traurig, »starb noch während des Krieges an Tuberkulose.«

»Sicher«, seufzt Elisheva, »der Gott der Barmherzigkeit umgibt sich gern mit guten Menschen, deshalb nimmt er sie früh zu sich.«

Es wird schnell dunkel, einige verspätete Vögel suchen in den Wipfeln der Zypressen Schutz vor der Nacht, der Himmel wird schwarz, und die ersten Sterne leuchten. Nervös steckt Elisheva sich eine Zigarette an.

»In letzter Zeit wache ich jede Nacht auf, in kalten Schweiß gebadet von dem Albtraum, dass ihr meinetwegen gefasst wurdet, und ich bin mir nicht mehr sicher, ob ich wirklich den Mut hatte, allein in die Szucha-Allee zu gehen, um mich der Gestapo auszuliefern, wie ich es mir selbst versprochen hatte.«

»Aber sie haben uns schließlich nicht gefasst, warum quälst du dich? Es war alles wegen dem verfluchten Monogramm«, seufzt Onkel Hermann aus vollem Herzen und streicht sanft über die wilde Mähne von Elishevas Enkel, der gleichgültig sein Schokoladeneis leckt. »Sag mir, erzählst

du ihnen manchmal von jener Zeit?« »Nein«, sagt sie entschieden. Steht auf, macht das Licht an, löscht ihre Zigarette
und geht in die Küche, um das Abendessen zu bereiten.

Bruria

Alle beneiden sie. Sie ist einige Jahre älter als sie, von bezaubernder arischer Schönheit, sie spricht fließend Polnisch und Deutsch, und sie ist ein adoptiertes Kind.

Sie sind graue Geschöpfe, von ihren Eltern geboren oder an einem schönen Tag im Frühling von einem freundlichen Storch gebracht. Sie hatten keinerlei Wahl, sie dagegen wurde auserwählt. Denn die schöne Bronya ist die Adoptivtochter von Richter Pohoryle und seiner Frau Greta. Das kinderlose Ehepaar P. suchte in allen jüdischen Waisenhäusern Polens und wählte von Hunderten Babys ausgerechnet sie.

Es heißt, dass der alte Doktor Janusz Korczak selbst bei der Wahl behilflich war. Derselbe kinderliebende Janusz Korczak, dessen Radioprogramm »Vesper am Radio« sie so begeistert lauschten. Sie tauschten untereinander Ausgaben der Kinderzeitung *Mały Przegląd* aus, die er herausgab. Lernten neue Wörter in Esperanto, der neuen internationalen Sprache, die Ludwik Zamenhof erfunden hatte, ein weiser Jude, der glaubte, wenn alle eine Sprache sprächen, gäbe es keine Meinungsverschiedenheiten und Kriege mehr zwischen den Menschen. Sie sammelten auch das Silberpapier von den Schokoladentafeln und machten daraus einen riesigen Ball, um ein kleines afrikanisches Kind aus der Sklaverei zu befreien, wie es ihnen die Kinderzeitung rät. Sobald im Radio, das für sie attraktiver war als heute das Fernsehen, die Erkennungsmelodie des Kinderprogramms erklingt, wird es in ihren Häusern ganz still. Sie sitzen gebannt, die Ohren dicht an dem hölzernen Wunderkasten, aus dem ein merkwürdiges Krächzen und wunderbare Kinderlieder und -geschichten herausdringen.

Wenige Jahre später sollte der geliebte, edle alte Doktor die ganze Welt beschämen, indem er zeigte, wie man ein Kind lieben kann, und bis zu seinem letzten Atemzug versuchte er, den Kindern – nicht seinen eigenen – einen kleinen, verlöschenden Lichtstrahl von Liebe und Hoffnung zu geben. Aber die Welt kennt keine Scham, und daher bleibt von ihm nur ein tragischer Mythos.

Frau Greta, Bronyas Mutter, Tochter einer wohlhabenden jüdischen Familie in Wien, macht keinen Hehl daraus, dass Bronya ihre Adoptivtochter ist. Sie macht diese Realität zu einer Quelle des Stolzes für die Tochter. Bronya erhält eine ausgezeichnete Erziehung – »eine gute Kinderstube«. Der Vater spricht mit ihr Polnisch, die Mutter selbstverständlich Deutsch. Sie hat ein rosa möbliertes Kinderzimmer, und jedes Jahr im Frühling richten sie ihr einen festlichen Geburtstag aus. Ein Dienstmädchen in engem schwarzem Kleid mit einer winzigen blütenweißen Schürze serviert den Kindern Eis und Schokoladenplätzchen, den Eltern Kaffee und Strudel. Die Väter können ihre Augen nicht von dem kleinen muskulösen Hintern des Dienstmädchens wenden. Die Mütter sind zwar elegant gekleidet, aber bereits wohlbeleibt.

Frau Greta schickt Bronya zu Musikstunden bei Madame Balbina Kamarska, denn jedes Mädchen aus gutem Hause muss Klavier spielen können. Zuhause quält sich die disziplinierte Bronya einige Wochen mit dem Üben von Tonleitern, und bei der ersten Begegnung zwischen der Lehrerin und den Eltern sagt Madame Balbina freundlich: Ein wirklich zauberhaftes Mädchen. Das Fehlen ihres Gehörs wird sie mit ihrer Intelligenz ausgleichen. Sie wird wundervoll spielen. Wenn sie so intelligent ist, denkt Bronyas Mutter, soll sie lieber Englisch lernen, und zuhause wird es ruhiger sein.

Doch wie man heute weiß, hielt die Ruhe nicht lange an. Gute Absichten nützen niemand. Umsonst die Esperantostudien, umsonst »Vesper am Radio« und der Ball aus Silberpapier. Denn der kleine Herr Adolf, der davon träumte, ein Riese zu sein, ersann für sie andere, weitreichende Pläne. Innerhalb kurzer Zeit brach der Krieg aus, und die anscheinend so geordnete Welt wirbelte in den Wahnsinn. Nicht nur fiel »Vesper am Radio« aus, sondern es gab auch nichts zu essen außer saurer Brennnesselsuppe und manchmal klebriges Brot, das nach Schokolade schmeckte, obwohl es verfault stank.

Frau Greta lehrte Bronya weiterhin auswendig zu lernen: »Ich weiß nicht, was soll es bedeuten, dass ich so traurig bin«, und abends kämmte sie ihr volles, goldenes Haar, aus dem große, satte Läuse fielen.

In die schönen großen Wohnungen der Juden in den Hauptstraßen, Kopernika, Wolnosa und St. Maria, zogen die Bewohner der Elendsviertel aus der Garncarska- und der Nadrzeczna-Straße, während jene sich in den Ruinen zusammenpferchen mussten.

Bronya verschwand noch vor der ersten Aktion aus dem großen Ghetto. Man erzählt sich, ihre Eltern hätten eine Riesensumme gezahlt, um für sie Papiere eines polnischen Mädchens deutscher Herkunft zu kaufen, einer Volksdeutschen, inklusive des Ariernachweises. Man schickte sie nach Poznań, wo sie bei einer deutschen Familie als Dienstmädchen arbeitete.

Kurze Zeit später wurden Frau Greta und der Richter P. auf dem alten Friedhof hingerichtet, anlässlich der Aktion, bei der die Intellektuellen liquidiert wurden. Schließlich gehörten sie wirklich zu den Intellektuellen der Stadt.

Einer der regelmäßigen Besucher der deutschen Familie in Poznań, eine hochrangige SS-Persönlichkeit, erkannte bei Fräulein Brunhilde Müller, der schönen Bronya, das reine Modell eines arischen Mädchens. Er entschied, dass sie sich dem Ariertest unterziehen sollte. Nach genauer Messung ihrer Größe, Nasenform, Ohren, Schädelweite, Schläfen- und Hüftknochen, Länge der Gliedmaßen und selbstverständlich genauer Blutuntersuchungen fasste das ehrenwerte Höchste Komitee in Sachen Rassengesetz den Beschluss, dass Bronya aus Częstochowa, Fräulein Brunhilde Müller, ein vollkommenes Modell der überlegenen nordischen Rasse sei. Daher sei sie würdig, in eines der geheimen Begattungsheime der Nationalsozialisten, die unter dem Namen »Lebensborn« bekannt waren, geschickt zu werden. Bronya wurde in das Heim in München geschickt, Poschingerstraße 1, in die geräumige Villa Thomas Manns. Es gab noch dreizehn andere Häuser dieser Art, wo junge, rassereine Frauen von der übrigen Bevölkerung isoliert gehalten wurden. Hierher kamen gutaussehende, großgewachsene SS-Offiziere, um das Fortpflanzungsgebot zu erfüllen und die Rasse zu bereichern.

Es war die geheime Aufgabe dieser Organisation, die charakteristischen Züge der arischen Rasse – blond, blauäugig, reinblütig – zu züchten und zu pflegen und so eine Elite heranzuziehen, die das tausendjährige Reich regieren sollte. Angehörige der SS verwalteten diese Häuser und waren für die Adoption der hier geborenen Kinder verantwortlich. Sie hatten weitreichende Pläne auf diesem Gebiet. Der Löwenanteil der finanziellen Mittel stammte aus dem Kapital, das den ermordeten europäischen Juden gestohlen wurde.

Alle Dokumente über den Lebensborn wurden von den

Alliierten versehentlich in der Nähe von Innsbruck im Inn versenkt. Heute ist nur bekannt, dass diese Häuser bis 1944 in Betrieb waren und dass dort 11 000 bis 40 000 Babys geboren wurden und ungefähr 40 000 ledige und verheiratete Frauen aus Deutschland und Skandinavien in den Heimen gelebt hatten.

Niemand weiß, was unserer Bronya dort geschah. Es war nur klar, dass sie als Erwachsene unfruchtbar war. Gnädigerweise wurde sie ein Jahr vor Ende des Krieges entlassen und arbeitete als Magd bei einem deutschen Bauern in der Nähe von München.

Gleich nach Kriegsende färbt sie ihr blondes Haar schwarz und erscheint im Flüchtlingslager bei Landsberg. Dort fällt sie unter den übrigen Frauen auf, die mittels arischer Papiere überlebt haben, denn deren Haar ist mit Wasserstoff blond gefärbt und hat dunkle Wurzeln. Von dort gelangt sie nach Jordanbad, das während des Krieges ein Ferienort für SS-Angehörige war und von Nonnen verwaltet wurde. Dieselben Nonnen halfen nach dem Krieg den jugendlichen jüdisch-zionistischen Überlebenden bei ihrer Reise nach Palästina.

Jordanbad ist ein bezaubernder Ort, eingebettet in die Wälder um Biberach. Dort begegnet Bronya zwei gleichaltrigen Freundinnen, die die Torturen im Arbeitslager überstanden haben, ohne unterzugehen. Sie fallen sich in die Arme, abwechselnd lachend und weinend, erinnern sich an ihre heitere Kindheit und an die festlichen Geburtstage, die zwölf Puppen und an das rosa Kinderzimmer. Kein Wort über den Krieg. Dafür haben sie noch keine Kraft. Später segeln sie auf dem Einwandererschiff Hatikva und verbringen sieben Monate in einem britischen Lager auf Zypern – wieder hinter Stacheldraht. Im Dezember 1947 betritt Bronya endlich die Küste des Gelobten Landes, und nur ihre Scheu hindert sie, niederzuknien und den schmutzigen Asphalt des Hafens zu küssen.

Jetzt ist sie Bruria. Sie färbt ihr Haar nicht mehr schwarz. Ihre blonden Zöpfe bindet sie wieder um ihren schönen Kopf. Sie geht in den Kibbuz Yad Mordechai, wo sie Juda begegnet, dessen Familie aus Rypin in Polen stammt. Kurz darauf lädt sie ihre Freundinnen zur Hochzeit ein. Das junge Paar adoptiert einen bezaubernden jemenitischen Jungen und ein ebensolches Mädchen, weil Bruria nicht schwanger werden kann. Sie lebt sich leicht in ihre neue Umgebung ein, lernt die schwere hebräische Sprache und wird rasch ein ganz normales Mitglied des Kibbuz. Einige Jahre später verlässt die Familie den Kibbuz und lässt sich in Ashkelon nieder. Bruria spricht nie über ihre Erfahrungen während des Krieges. Nur ein einziges Mal bricht sie ihr Schweigen. Das geschieht, als Magdalena S. kommt, um sie für eine Dokumentation der Gedenkstätte Yad Vashem zu interviewen. Im Rahmen dieses Projekts werden Zeugnisse von Kindern und Jugendlichen gesammelt, die durch ihre arischen Papiere gerettet wurden. Magdalena, eine warmherzige, mütterliche Frau, gewinnt ihr Vertrauen. Und Bruria, die niemals weint, bricht für einen Augenblick in bittere Tränen aus und bittet Magdalena, das Aufnahmegerät auszustellen und zu schwören, dass sie niemandem jemals etwas über das Gehörte erzählen werde. Zwei Stunden lang schildert Bruria ihre Erlebnisse, die Augen auf den Horizont fixiert, wo sich Himmel und Meer treffen. Magdalena, die erfahrene Zuhörerin, lauscht konzentriert und stumm, ohne durch Fragen zu unterbrechen. Sie sitzen in einem kleinen Café am Strand, während hohe Wellen sich zornig und mit Gewalt am Ufer brechen.

Auf ihrem Heimweg notiert Magdalena sorgfältig aus dem Gedächtnis Brurias Zeugenaussage. Zuhause steckt sie die Notizen in einen Ordner in ihrer Schublade, wo sie noch einige andere schwierige Aussagen über das Überleben aufbewahrt. Magdalena plant, diese Erzählungen in einem Buch zu veröffentlichen. Als Journalistin steht sie auf dem Standpunkt, dass die Welt alles wissen müsse. Nur, dass die Welt all dieser Gräueltaten müde ist und es vorzieht, zu vergessen, dass sie sich wirklich zugetragen haben, und glauben möchte, dass sie sich nie wiederholen können.

Magdalena stirbt jedoch an einem Herzanfall. Ihr Sohn, der sich vorwiegend für Bridge und Computer interessiert, verbrennt den Inhalt der Schublade. Und so wie die Dokumentation zum Lebensborn in den Wellen des Inn versank, so gingen die Aufzeichnungen Magdalenas in Flammen auf, darunter die Zeugenaussage von Bruria-Bronya-Brunhilde.

Nach dem Tod von Magdalena S. fühlt Bruria sich erleichtert. Jetzt wird alles wieder sein wie vorher, so als hätte sie niemandem etwas erzählt. Sie wird leben wie viele Frauen aus Polen.

Sie wird am örtlichen Gymnasium Geschichte unterrichten und an der Universität ihr Magisterexamen machen. Sie wird nur selten über die Vergangenheit sprechen und auch dann nur widerwillig. Am liebsten wird sie über ihre glückliche Kindheit vor dem Krieg sprechen. Sie wird ein gastfreundliches Haus und ein geselliges Leben führen und zufrieden mit ihrer Arbeit sein. Ihr Mann wird erfolgreich eine eigene Baufirma gründen und ihr Lebensstandard wird steigen. Zweimal jährlich werden sie ins Ausland reisen, niemals aber nach Deutschland oder Polen. Sie werden drei prächtige Enkel und ein wunderbares Verhältnis zu ihren Kindern und deren Partnern haben. Bruria wird pensioniert werden: Ihr Haar wird langsam ergrauen, sie wird eine runde Brille tragen und ein Hörgerät. Sie wird Landschaften, Stillleben und Porträts malen. Sie wird viel lesen, in mehreren Sprachen, den Umständen entsprechend zufrieden mit ihrem Leben sein, in diesem verrückten Land.

Eines Tages wird sie auf der Heimreise am Londoner Flughafen eine Ausgabe der Zeitschrift *Weekend* kaufen. Dort wird sie zwölf bisher unveröffentlichte Fotos finden, die verschiedene Szenen aus dem Leben im Lebensborn zeigen, unter dem Titel *In Hitlers Liebeshäusern*, erläutert von einem Journalisten namens Ken Johnson.

Sie wird allein nach Hause reisen, ihr Mann eine Geschäftsreise in die USA antreten. Sie wird sich zuhause einschließen, das Telefon abstellen, gleichgültig gegen alles und alle. Sie wird einfach nicht mehr funktionsfähig sein. Drei Tage später wird sie in ihr neues Auto steigen, ein Geschenk ihres Mannes zum Geburtstag, und zu einer verlassenen Plantage zwischen Ashkelon und Ashdod fahren. An den Bäumen werden noch immer goldene Orangen reifen. Sie wird einen Gummischlauch am Auspuff befestigen, das andere Ende durch das Fenster ins Auto leiten und den Motor starten. Sie wird eine CD ihres Lieblingskomponisten Zbigniew Preisner, *Die zwei Leben der Veronika*, einlegen und dabei aus der Flasche langsam feinen polnischen Szopen-Wodka trinken, sie wird an dem Gas, das dem Motor entströmt, ersticken.

Stets hatten andere für sie entschieden. Diesmal entschied sie für sich.

Gezeichnete

Tel Aviv, 30. November 1997

Mein Liebster,

Ich schreibe dir, weil meine Zeit zu Ende geht. Heute kamen die letzten Untersuchungsergebnisse. Die Tage, an denen ich bei Bewusstsein sein werde, sind gezählt. Morgen werde ich in eine Spezialabteilung im Tel HaShomer überführt.

Du hast mich gebeten, dir alles zu schreiben, woran ich mich aus deinem Leben erinnere. Über den Brunnen der entfernten Vergangenheit gebeugt, schließe ich die Augen und taste im Dunkel. In meinem Gedächtnis tauchen weiße Kaninchen mit roten Augen auf. Vikta, die Bademeisterin, erlaubt mir, sie bei meinen Besuchen im Badehaus meiner Onkel in der Katedralna-Straße zu streicheln, vor dem Krieg.

Wer hätte gedacht, dass Vitka und Pawel ausgerechnet den Kaninchenstall über die Grube stellen würden, die sie in ihrem Holzschuppen ausgehoben hatten, wo sie dich vor den Kannibalen versteckten. Denn du, mein Liebster, wurdest zur unpassendsten Zeit und am unpassendsten Ort der Welt für ein jüdisches Kind geboren: in einer den Christen heiligen Stadt in Polen, im Jahr 1942. Dein Vater war ein bekannter Chirurg in unserer Stadt. Deine Mutter, Frau Professor, war Lehrerin an unserer hebräischen Oberschule, die sie aus irgendeinem Grund das Jüdische Gymnasium nannten.

Vor der ersten Aktion im September 1942 übergaben

deine Eltern dich, um ihr einziges Kind zu retten, einem kinderlosen christlichen Ehepaar, der Bademeisterin Vitka und ihrem Mann Pawel, dem Schornsteinfeger. Du warst zwei Jahre alt und beschnitten, das heißt zum Sterben markiert. Aber sie adoptierten dich und retteten dein Leben; und deine Eltern blieben in den Nebeln Treblinkas.

Ich hörte von dir zuerst, als ich Polen nach einer zwanzigjährigen Abwesenheit wieder besuchte.

Sicher erinnerst du dich noch an unsere erste Begegnung im Park neben der Kirche, wo ich dir von unserer gemeinsamen Urgroßmutter, Devorka Kaluzynski aus Blachownia, erzählte. Du warst ein kräftiger, dunkelhäutiger Mann mit schwarzen Locken und feurigen gelben Tigeraugen, zehn Jahre jünger als ich. Du hattest Eltern und fühltest dich verwaist. Die Mädchen der Stadt liefen dir nach, aber du wolltest nur mich.

Erinnerst du dich?

Ich war verheiratet und Mutter eines achtjährigen Sohnes. Zwischen uns entbrannte eine große Leidenschaft, und sie brennt bis auf den heutigen Tag. Wir trafen uns alle paar Jahre, irgendwo in der Welt, und nur dann erlebten wir das Glück. Häufig fragte ich mich, ob wir nicht besser zusammengeblieben wären, trotz allem, was trennend zwischen uns stand. Aber du weißt ja wie ich, dass es zu spät war.

Bei unserer letzten Begegnung in New York, vor drei Jahren, wirktest du ruhig und selbstbeherrscht, aber tief in deinen schönen Augen sah ich einen beharrlich lauernden Wahnsinn.

Als ich heimkam, war mein Mann nicht zuhause. Er hatte mich wegen einer jüngeren und normaleren Frau verlassen. Ich trage es ihm nicht nach, denn in jedem Fall hätte er eine Auszeichnung für sein Leben an meiner Seite verdient, für ein Leben mit der Schoa zum Frühstück, Mittag- und Abendessen.

Und dann – die Krankheit. Jetzt nähert sich das unvermeidliche Ende. Ich war dazu bestimmt, mit elf Jahren zu sterben, und seit einem halben Jahrhundert lebe ich auf geliehener Zeit.

Ich füge einen Brief bei, den ich vor vielen Jahren von Vitka erhalten habe. Vielleicht wird er dich die Dinge in einem anderen Licht sehen lassen.

Ich höre immer noch deine Stimme, wie du erzählst, dass dich in letzter Zeit fast Nacht für Nacht das erstickte Weinen eines Kindes weckt, das in einem Fass versteckt ist, und dass du weiße Kaninchen hasst.

Pass auf dich auf.
Wir werden uns nicht wiedersehen.
Ich liebe dich sehr.
Avishag.

Sehr geehrte Frau Doktor,

Ich erinnere mich an sie, seit sie ein kleines Mädchen war und mit unseren Kaninchen spielte, im Garten des Bade-hauses in der Katedralna-Straße. Das war noch während der guten Zeit unter dem großen König Marschall Piłsudski, bevor diese dreckigen Deutschen kamen und unser schönes, gutes Land verwüsteten. Ich lehrte sie polnische Soldaten-lieder, denn mein Bruder war Soldat, und Marciu war da-mals noch nicht geboren.

Später, in einer Herbstnacht 1942, brachte Frau Professor ihn zu mir, in ein zerrissenes Laken gewickelt. Er war zwei Jahre alt und so bleich und mager, dass man seine kleinen Knochen zählen konnte. Als die dreckigen Deutschen nach Judenkindern suchten, steckten Pawel und ich ihn in die Grube, die wir eigens im Geräteschuppen ausgehoben hatten, und auf die Bretter stellten wir den Kaninchenstall, und die Kaninchen schissen ihm auf den Kopf, weil wir Löcher in den Boden geschnitten hatten, damit er atmen konnte. Ich sagte ihm, du darfst nicht weinen und nicht nach uns rufen, sonst kommt ein Deutscher und holt dich ab. Und mein ar-mer Kleiner sah mich aus seinen traurigen Augen voller Trä-nen an und weinte still in sich hinein, weil er sich so sehr fürchtete.

Und im Sommer, wenn es heiß war, wickelte ich ihn in ein Laken und steckte ihn in ein Fass im Hof, und auf das Fass stellte ich wieder den Kaninchenstall. So ging es drei Jahre lang. Er wurde dick und lernte sprechen und schweigen, und sobald unvermutet Gäste oder Verwandte kamen, versteckte ich ihn im Schrank.

Als der Krieg zu Ende war, zitterte ich vor Angst, dass sie kommen und ihn mir wegnehmen könnten, denn wir hatten ihn bereits so lieb, als sei er uns geboren worden. Aber sie kamen nicht zurück. Und er gehörte ganz und gar uns. Später kamen alle möglichen Jidden und wollten ihn mir wegnehmen, sagten, sie seien seine Familie, dass er bei seinem Volk sein müsse, und versprachen mir viel Geld.

Aber ich blieb stur wie ein Esel, würde ihn niemals irgendjemand geben, denn er gehört mir. Er ist mein kleiner schwarzer Sohn, den ich unter der Erde versteckt habe, im Fass unter den Kaninchen und im Schrank. Er ist mein Kind, ich gab ihm zu essen und zu trinken, pickte die Läuse aus den schwarzen Locken und küsste sein glattes, dunkles Gesicht und seine gelben Augen, ich sang ihm Wiegenlieder und polnische Soldatenlieder vor, und er nannte mich Mutter und Pawel Tate. Denn was ist schon Geld? Sogar zehntausend Dollar? Denn auch Dollars sind nur Geld, und Liebe ist das Herz und der Glaube in einem Menschen. Geld kommt und geht. Wie Rauch. Pawel wird gehen und trinken und mich schlagen. Und er, Marciu, ist mein einziger Trost und meine Hoffnung. Ich werde ihn aufziehen, sagte ich mir, ich nehme ihn mit zum Jahrmarkt und in die Kirche, und er wird ein anständiges katholisches Kind. Pawel wird ihn einen Beruf lehren, und das Leben wird, wie es sein muss. Also was soll's, wenn er ein beschnittener Jude ist? Auch Jesus von Nazareth, unser Herr, war ein beschnittener Jude, und war der etwa kein guter Katholik? Hat alle Zeit nur Wunder getan, und die Juden haben ihn gekreuzigt.

Und es war wirklich alles so, wie es sein sollte. Sogar in euer Israel ist er gefahren. Hat die Familie besucht, die Wüste und Jerusalem, hat Kamele gesehen, hat sich mit Bananen und Apfelsinen vollgestopft und sogar ein paar Pfennige verdient.

Und die ganze Zeit fürchtete ich, dass er nicht zurückkommt. Aber er kam zurück, nur dass er nicht mehr derselbe war, er hatte sich sehr verändert. Als gehöre er nicht hierhin und nicht dorthin. Und die Mädchen liefen ihm nach wie verrückt, denn sie hatten genug von den Blonden, und er war dunkel wie so ein Grieche oder Italiener. Und dann kam diese Schlampe, die Tochter vom Bäcker, ein paar Jahre älter als er und begann, ihn nach Amerika zu schleppen. Als wenn dort die Dollars nachts an den Bäumen im Park wüchsen. Und da sagte ich mir, man muss an Frau Doktor schreiben, an die ich mich noch erinnere, als sie ein kleines Mädchen war, und sie bitten, dass sie ihm sagt, dass das nicht gut ist, was er tut, uns im Alter allein lassen. Denn wer soll mich beschützen, wenn Pawel sich betrinkt und mich schlagen will? Ich ging zu den Nachbarn, dass sie für mich schreiben, denn ich bin vom Dorf und kann nicht schreiben. Und ich sage ihr, Frau Doktor, wenn es nicht im Guten geht, werde ich zur Polizei gehen, und er wird der Leidtragende sein, denn ich lass ihn nicht dieser Schlampe! Denn er gehört mir! Nicht ihr! Er soll bloß nicht mit mir Versteck spielen, er ist jung und hat andere Rechte im Leben, jedenfalls gaben wir ihm Wärme und Herz, mehr als Brot, und wir sind stolz darauf, dass wir ihn allein, ohne Hilfe, aufgezogen und ernährt haben und niemand um nichts gebeten haben, zwanzig Jahre lang. Denn wir sind nicht wie jene, die für sich selbst sorgen und andere für Geld verkaufen, Kinder und Erwachsene. Solln sie zur Hölle fahren! Wir wollten nichts für uns, nur ihn. Wir haben ein sauberes und reines Gewissen, wie die heilige Hostie, und wir können in Ruhe sterben und vor Gottes Thron stehen, er soll uns nur nicht verlassen und in dieses Amerika gehen. Und ich sage ihm, wenn schon, bitteschön, dann nach Israel, dann werde ich es ihm, bitteschön, nicht schwer machen. Und ich erkläre es ihm, wie einem Kind, dass er versteht, was dieses Israel für die Juden ist. Dass es ihr erster Gott ist, wie die Sonne, die lange Strahlen schickt und sie über die ganze Welt verbreitet. Denn sie waren der wandernde Jude, und jetzt haben sie ihre eigene Ecke, den Staat, den sie verwöhnen wollen mit ihrem Herzblut, weil sie große Patrioten sind und diesen Ort niemals verlassen werden. Aber er, der dort Armee, Kanonen und den Geruch von Krieg gespürt hat, hat die Lust an diesem Ort verloren. Und Amerika ist noch viel weiter weg, sicher hunderttausend Kilometer werden uns trennen, na und auch sie, diese Schlampe. Hätte er wenigstens ein Mädchen wie die Frau Doktor gebracht, dann wären wir schon zufrieden, denn sie gefällt uns sehr gut. Wir erwarten eine schnelle Antwort.

Wir wünschen Ihnen viel Gesundheit und Erfolg.
Ihre sehr ergebenen
Viktoria und Pawel P.

Shalom, meine Nicht-Geliebte,

Ich traf dich zum ersten Mal
Unter den Düften der Kastanien
Zu lang ruhte dein Blick auf mir
Und ich – beschämt und verlegen
Folgte im Schatten tropfender Zweige
langsam deinen Spuren
Mein Herz gefangen von deinem violetten Blick

Wie du siehst, zitiere ich einen Dichter, Antoni Słonimski, um meine Sehnsucht nach dir, die keine Ruhe mehr finden wird, auszudrücken. Dein Brief brach mir das Herz. Ich finde keine Worte. Diesen Brief zu schreiben fällt mir ebenso schwer wie das Teilen des Roten Meeres. Wie könnte ich mich nicht an unsere erste Begegnung in Częstochowa, im Park an der Kirche, erinnern. Dort habe ich mich doch in dich verliebt, auf den ersten Blick, für mein ganzes Leben. Vom ersten Augenblick an hast du mich verzaubert, mit deinem makellosen Polnisch, das nur wenige bei uns noch sprechen konnten. Du wolltest Kastanien im Park sammeln, wie in deiner Kindheit, erinnerst du dich? Du hattest eine Mähne kastanienbraunes Haar, sinnliche Lippen und große Brüste unter dem grünen, eng anliegenden Pullover. Sofort überkam mich eine Welle wilder Lust, und ich wollte deine Lippen küssen, deine Brüste streicheln und dein lustvolles Seufzen in meinen Armen hören. Ein Duft nach Orangen, Sonne und Freiheit umgab dich und brachte mein Blut in Wallung. Du warst voller überschäumender Lebensfreude und zugleich voll abgrundtiefer Verzweiflung. Bis auf den heutigen Tag ist es mir unmöglich zu begreifen, wie sich all das in einer kleinen Frau miteinander verträgt. Aber genau so habe ich dich in Erinnerung, werde ich dich mein Leben lang lieben. Aber ich fürchtete mich auch vor dir, denn du warst tatsächlich wie eine Schwester. Du erzähltest mir, dass wir eine gemeinsame Urgroßmutter hätten. Vor allem befürchtete ich, dass ich deine intellektuellen Bedürfnisse nicht würde befriedigen können. Ich war ein einfacher Bursche, aufgewachsen im Haus eines Schornsteinfegers, und du warst eine gebildete Augenärztin.

Später lagen wir nackt in deinem kleinen Hotelzimmer, und ich erzählte dir bis zum Morgengrauen von meinem Dasein als Waise bei Adoptiveltern und über mein Verlangen, bis ans Ende der Welt zu flüchten, denn ich war zerrissen und zerschmettert und hatte keine Kraft mehr für dieses Leben.

Die Wipfel der Linden lugten in das Fenster, sie standen im Purpurlaub des goldenen polnischen Herbstes, und aus dem Radio tönten die Klänge des Vorkriegsschlagers: »Liebe vergibt alles, Kummer wird Lachen, Liebe erklärt so schön, Traurigkeit ist Sünde und Verrat.«

Aber ich war nicht tapfer genug, als du mich batest, dich am folgenden Tag nach Auschwitz zu begleiten. Ich wich aus, mit einer miserablen Ausrede. Ich war ein Idiot und ließ dich allein mit dem Zug fahren und später allein mit einem betrunkenen Fahrer – für einen Karton amerikanischer

Zigaretten, bis zum Tor des Lagers, über dem das bekannte Zeichen prangt: Arbeit macht frei. Ganz allein bist du dort gegangen, schutzlos und einsam den Hallen mit zerfledderten Koffern, totem Haar, Krücken, Bürsten, Zähnen und vielen, vielen Schuhen ausgesetzt. Still in dich hinein weinend standest du vor dem Kinderkleid mit den rostigen Blutflecken. Am Vorabend des Versöhnungsfestes bist du zurückgekehrt, spät in der Nacht, im strömenden Regen, durchgefroren und durchnässt von Kopf bis Fuß. Ich trocknete deinen wundervollen Körper mit warmen Tüchern, wärmte deine Füße mit meinem heißen Atem, und bis auf den heutigen Tag habe ich mir meine Feigheit nicht verziehen. Aber an jenem Tag zeichnete ich dein Porträt, und du sagtest, ich könnte ein großartiger Avantgardekünstler werden, dass ich, ohne es zu wissen, Pop-Art mache. Aber ich lachte bitter, weil ich schon damals wusste, dass aus mir nichts Besseres werden würde als ein guter Arbeiter.

Später reisten wir gemeinsam kreuz und quer durch Polen. In Wrocław besuchten wir die Familie Trybulski, bei der du 1943 die polnische Rebellion erlebt hattest. Sie waren überrascht, dass du eine Nummer trugst, denn sie hatten nicht geahnt, dass du Jüdin bist. Dann hast du mit Jurek alte, vergessene Untergrundlieder gesungen. Und im Warschauer Institut für Geschichte hing das Gedicht *Treblinka* von Władysław Szlengel an der Wand, das du mir mit tiefer, erstickter Stimme vorlast.

Ein Jahr später kam ich nach Israel, um die Familie meines richtigen Vaters kennenzulernen, und gemeinsam fuhren wir nach Tiberias. Wir schwammen im See Genezareth, und ich versuchte, auf dem Wasser zu gehen wie Jesus von Nazareth. Aber es gelang mir nicht. Vielleicht, weil ich nicht heilig war wie er. Und ununterbrochen dachte ich an die kommende Nacht mit dir. Ich begann unterzugehen, denn innerhalb einer Sekunde wechselte der Wind, es stürmte und das Wasser stieg.

Ich erinnere mich, dass ich dir sagte, wenn meine Mutter meine richtige Mutter wäre, würde ich in Israel bleiben und dich deinem Mann entführen. Aber weil sie es nicht war, sondern mir mutig das Leben gerettet hatte, musste ich zurück zu ihr. Hand aufs Herz: Heute bin ich mir nicht mehr so sicher, dass ich damals die ganze Wahrheit gesagt habe, weil ich plötzlich von großer Angst ergriffen wurde – vor diesem verrückten Land, vor den Kriegen, dem Militärdienst, vor allen Dingen aber vor dir. Vor meiner großen Liebe zu dir und deiner Macht über mich.

Ich kehrte nach Polen zurück, aber nichts war mehr wie früher, und Vitka und Pawel waren misstrauisch und distanziert. Und als ich anfing, mit Stefka auszugehen, war die Hölle los, weil sie nach Amerika gehen wollte, nach Boston, wo ihr Bruder lebte. Sie glaubte, vielleicht mit Recht, dass wir nur dort eine Chance auf ein wirkliches Leben hätten. Ein großer Hass breitete sich in Vitka aus. Bis heute begreife ich nicht, wie es geschehen konnte, dass ihre starke mütterliche Liebe in einen so tiefen Hass münden konnte. Vielleicht erwartete sie von mir, dass ich mit meinem Leben bezahle für das Leben, das sie mir geschenkt hatte.

Ständig wiederholte sie, wenn ich nach Israel ginge, also bitteschön, dann wäre es in Ordnung, aber Amerika – nein und wieder nein. Und ich versprach ihnen, ich werde sie zu mir nehmen, wenn sie alt sind, und ich werde ihnen Geld und Pakete schicken. Aber sie ging und zeigte mich bei der Polizei an, so dass wir bei Nacht fliehen mussten, so, wie die verfolgten Juden während des Krieges fliehen mussten. Und ich versuchte, für sie die Auszeichnung »Gerechte unter den Völkern« von Yad Vashem zu bekommen, und schickte ihnen Geld, aber sie schickte es mir zurück. Dann starben sie im Abstand von zwei Jahren einer nach dem andern, in tiefem Hass gegen mich und Stefka, meine Frau.

Wir machten schwere Zeiten durch, in Amerika, dort wurden unsere Kinder geboren. Ich nahm wieder den Familiennamen meines biologischen Vaters an, und Stefka trat zum Judentum über. Denn in Amerika ist es besser, Jüdin zu sein, als eine polnische Schickse. Und sie bestand darauf, dass unser Sohn Pawel beschnitten wurde. Und während der Zeremonie erinnerte ich mich ständig an deine Worte: Die Tatsache, dass du deinen Sohn durch die Beschneidung markieren ließest, ließ dich jahrelang nicht schlafen.

Infolge harter Arbeit, einer bescheidenen und sparsamen Lebensführung und dank eines erfolgreichen Geschäftsabschlusses erreichten wir wirtschaftlichen Wohlstand. Jetzt besitzen wir eine Kette von Supermärkten in Kalifornien und eine geräumige Villa mit einem Swimmingpool in Los Angeles. Unsere Kinder studieren an ausgesuchten amerikanischen Universitäten: Viktoria Jura und Pawel internationale Beziehungen. Dennoch leide ich unter Schlaflosigkeit, schlucke Prozak, fühle mich verloren und isoliert, denn niemand auf der Welt versteht so wie du, dass ich ein sechzig Jahre altes Waisenkind bin.

Heute ist mir klar, dass ich hätte kämpfen müssen, um bei dir zu bleiben und in unserem Land Israel zu leben. Maler zu sein. Dein Gesicht und deinen Körper zu malen. Und sobald ich die Augen schließe, sehe ich deinen Kopf, kahl, wegen der Chemotherapie. Sehe deine Augen – violett, ohne Brauen und Wimpern. Deinen mageren Körper. Diesen Körper, den ich so lustvoll befriedigte. Und ich weiß, dass die Welt ohne dich leer sein wird, dass ich auf immer ausgesetzt und ver-

loren sein werde. Ich möchte, dass du weißt, dass du kost-
barer als alles für mich bist, dass ich bis zu meinem letzten
Atemzug dich, nur dich, lieben werde.

Shalom, meine Nicht-Geliebte.
Dein Marcel

Verwicklungen der Gegenwart

Naomi

Als wir an Pessach zu Besuch nach Eilat kamen und sie uns entgegeneilten, überkam mich eine Welle des Glücks. Beide braungebrannt und groß, wie ein Paar griechischer Götter. Er mit einem schwarzen Lockenkopf, sie mit einem blonden Pferdeschwanz. Sie waren so schön, und ihre jungen Körper strahlten Lebensfreude und große Liebe aus.

Ihrer Erscheinung und ihrem Englisch nach war ich sicher, dass sie Dänin sei. Sofort erinnerte ich mich dankbar an den dänischen König, der eine Armbinde mit dem Davidstern trug und nicht zuließ, dass man seine Juden deportierte. Er schickte sie in das benachbarte Schweden, und so wurden sie gerettet.

Wir gingen am Strand, mein Yermi umarmte mich fest, und die jungen Leute hielten sich an den Händen wie Kinder. Die orangefarbene Sonne sank schnell ins Rote Meer, das nun dunkelblau war, und die Berge von Edom gegenüber färbten sich in allen Schattierungen von Rosa. Einen kurzen Augenblick war ich fast glücklich. Ich dachte, schließlich und endlich hat er eine Frau nach seinem Herzen gefunden, und jetzt werde ich ein wenig Freude und auch liebe Enkelkinder haben wie alle meine Freundinnen.

Aber plötzlich sah ich, dass sie die tätowierte Nummer auf meinem Unterarm bemerkt hatte und wie sie fasziniert auf die blauen Ziffern starrte, die mit den Jahren nicht blasser geworden waren, sondern nur faltiger – wie mein Gesicht. Und fast flüsternd, in der Hoffnung, dass sie mich nicht hörte, fragte ich sie, woher sie kam. Aber sie hatte mich gehört und antwortete in ihrem fließenden Englisch, sie sei in Wuppertal geboren, aber schon als Kind mit ihrer Familie nach Karlsruhe gezogen. Dann verschwamm es mir vor den Augen. Ich fühlte, dass mir das Blut aus dem Kopf in die Füße wich, und nur dank meines Yermi, der mich im letzten Augenblick auffing und stützte, fiel ich nicht hin. Gerade in diesem Augenblick stand Günther aus Wuppertal vor mir, der monströse SS-Mann aus unserem Lager. Und ich dachte: »Nimmer ruft mich Naomi, Behagen, ruft mich Mara, Bitternis, denn der Gewaltige hat mich sehr verbittert.«

Sie hatten uns zu Ehren ausgesuchten Wein und unsere Lieblingsspeisen vorbereitet, und beide bemühten sich liebevoll um uns. Wir saßen auf der Terrasse, über unsere Gesichter wehte eine kühle Brise und zu unseren Füßen brachen sich mit leisem Plätschern winzige Wellen. Es war der kurze, zaubrische Augenblick nach Sonnenuntergang und vor Einbruch völliger Dunkelheit. Aber ich wollte sterben, denn ich wusste, damit konnte ich nicht weiterleben. Und Boaz nahm alles wahr, denn er wusste immer alles über mich, aber er tat, als sähe er nichts, und beide erzählten begeistert von ihrer Arbeit mit Touristen und von ihrem Katamaran und versprachen, mit uns zum Korallenriff, an die ägyptische Küste und andere wundervolle Orte zu segeln. Mein Yermi aß und trank mit großem Appetit, und ich sah, dass er wirklich von ihr bezaubert war – von ihrer arischen Schönheit, von ihrer Ausdruckskraft und ihren höflichen, europäischen Manieren bei Tisch. Ich konnte nichts hinunterbringen. Ein einziger Gedanke beschäftigte mich: Weshalb verfolgen sie mich bis ans Ende der Welt – sie, vor deren Krallen ich geflüchtet war, über verschneite Berge, über Meere, um derentwillen ich auf Ausbildung und Karriere verzichtet hatte, auf eine normale Jugend –, weshalb verfolgen sie mich bis hierher, in mein eigenes Land? Und weshalb ist sie gekommen, um mir meinen Sohn zu rauben, meine raison d'être? Nur, um unser Blut mit ihrem zu verunreinigen?

Nach dem Essen gingen Boaz und ich an der Lagune spazieren, und Yermi blieb, um beim Geschirrspülen zu helfen. Boaz sagte: »Naomi, ich liebe sie, wie ich noch keine Frau zuvor geliebt habe. Ich will mit ihr ein Haus und eine Familie gründen. Ich weiß, was du fühlst, aber du musst darüber hinwegkommen. Sie ist unschuldig; es sind über fünfzig Jahre vergangen. Das zwanzigste Jahrhundert ist vergangen, die Welt verändert sich. Die Feinde von gestern sind die Freunde von heute.« Und ich sagte: »Boaz, mein Sohn, wenn es nur um mich ginge, würde ich gewiss damit fertig werden. Für dich, für dein Glück, bin ich bereit, fast alles zu tun. Aber es geht ja nicht nur um mich. Von all den Millionen, die keine Stimme mehr haben, war es mir vergönnt, zu überleben. Niemand gab mir ein Mandat zur Vergebung. Im Gegenteil. In den letzten Augenblicken ihres Lebens baten die Juden inständig: Vergesst nicht! Vergebt nicht! Und wenn ihr überlebt, erzählt der Welt die Wahrheit, bis zur letzten Generation vergebt nicht!

Und du, der du den Namen meines Vaters trägst, der so alt war wie du, als man ihn in Treblinka mit Gas erstickt hat, du willst jetzt eine aus ihrem Samen heiraten und Kinder zeugen, die ihre Gene tragen werden? Kinder, in deren Adern das Blut der Mörder deines Großvaters fließt? Wie kann man damit leben? Sag du es mir!«

Boaz

Ich begegnete Ruth ein Jahr nach meiner Rückkehr aus Indien. Die Tour war Pflichtprogramm für alle Offiziere unserer Einheit anlässlich ihrer Entlassung. In Indien streifte ich fast zwei Jahre umher, besuchte verschiedene Ashrams, nahm an Acid-Partys in Goa teil und trug bunte Lumpen; ich ließ mein Haar wachsen und band es mit einem Gummi zusammen. Ich hatte das Gefühlt, als würde ich immer tiefer in dieses Leben hineingezogen, und wenn ich es nicht in die Hand nähme, würde ich für immer dort bleiben.

Plötzlich ekelten mich die gleichgültigen Inder und die neurotischen israelischen Touristen, die ständig alles Mögliche versuchten, um noch einen Dollar zu sparen und noch irgendein gottverlassenes Dorf zu besuchen. Ich beschloss, nach Israel zurückzukehren, aber nicht nach Tel Aviv, Haifa oder Jerusalem, sondern nach Eilat, denn ich bin verrückt nach dem Roten Meer und der Wüste Sinai. Ruth trat genau zur richtigen Zeit in mein Leben, als ich unserer schönen Mädchen überdrüssig war, die nur ins Ausland reisen, Luxushotels und Designerklamotten wollen und auf eine Hochzeit aus sind. Ich mochte sie, denn sie war wie ich – verbunden mit dem Meer und der Wüste.

Ich verliebte mich in sie, weil sie blond war und einen tollen Körper hatte, wie für die Liebe geschaffen. Und große, smaragdfarbene Augen. Ich war von ihrer Einfachheit und Fremdheit überwältigt. Sie lehrte mich Wagner (der bei uns zuhause verboten war) und Haydns »Kaiserquartett« hören. (Erst viel später erfuhr ich, dass die Nationalhymne des Dritten Reichs davon inspiriert war: *Deutschland, Deutsch-*

land über alles.) Sie gab sich mir hin, voller Sinnlichkeit und Leidenschaft; später las sie mir auf Deutsch Gedichte von Heine und Sonette von Shakespeare auf Englisch vor. Dank ihrer entdeckte ich Proust, Joyce und Kavafis.

Wir kauften gemeinsam einen Katamaran und boten Segeltörns für Touristen an. Wir machten herrliche Ausflüge in die Wüste Sinai, und ich erzählte ihr von den Mangroven, die über ein System verfügen, das Salzwasser in Süßwasser verwandelt, so dass sie an den salzigen Küsten des Roten Meers wachsen können. Und als sie mir von ihrer Geburtsstadt Wuppertal erzählte, dachte ich sofort an Pina Bausch und ihr wundervolles Wuppertaler Ballett, das ich jedes Mal besuche, wenn es zu uns kommt. Und in den Nächten schwammen wir nackt, brieten Fische am goldenen Strand, tranken Wein und liebten uns bis zur Besinnungslosigkeit unter dem mit Sternen übersäten Himmel. Mit ihr war ich glücklich und befreit, wie ich es mit keiner anderen Frau vor ihr war. Und das, obwohl sie eine Deutsche war. Vielleicht auch gerade deswegen. Es liegt etwas sehr Erregendes in der Tatsache, dass ich, Sohn einer Überlebenden der Schoa, in die verbotene Frucht beiße. Aber darüber hinaus war es wirklich die große und wahre Liebe, und wir beschlossen, zusammenzubleiben und braungebrannte, blonde Kinder zu haben, die mit uns zusammen nackt am Strand entlanglaufen würden. Doch tief, tief in mir, in einer abgelegenen Ecke meines Gehirns, kauerte die ganze Zeit über die Furcht davor, was Naomi, meine Mutter, sagen würde, die ich seit meiner Kindheit im Kibbuz bei ihrem Vornamen rufe. Einmal ertappte ich mich sogar bei dem Gedanken, dass es besser wäre, wenn Naomi nicht mehr am Leben wäre und ich mich von dem schwarzen Loch, von der Last der Vergangenheit lösen könnte, die von jeher über meine Kräfte ging. Und trotzdem liebe ich

Naomi mit ganzer Seele und denke, sie ist eine großartige Mutter. Ich möchte nur mein Leben leben, frei von diesem Albtraum einer Vergangenheit sein, die nicht meine ist. Denn sowohl mein Vater als auch ich wurden hier geboren, und Ruth wurde erst, Jahre nachdem das alles zu Ende war, geboren. Ich machte mir weis, dass Naomi für mein Glück zu allem bereit war, was sie mir ja immer zu verstehen gab. Wie damals, als ich sie um ihre Einwilligung bat, als ihr einziger Sohn in einer Kampfeinheit volontieren zu dürfen; zitternd und sehr bleich hatte sie unterschrieben, ohne ein Wort darüber zu verlieren.

Und dennoch hatte ich ein ganzes Jahr lang nicht den Mut, die beiden zusammenzubringen. Ruth, meine Geliebte, und Naomi, meine Mutter.

Ruth

Ich stehe an Deck eines Schiffes und halte meine Tränen zurück, während ich auf die sich schnell entfernende Küste dieses wundervollen Landes blicke, das mich mit seinem Zauber gefangen hat. Ich denke darüber nach, wie das Schicksal Einzelner von der Geschichte, von Taten, die fünfzig Jahre zurückliegen, geformt werden kann. Und ich kann einfach nicht verstehen, weshalb ausgerechnet ich, die ich damals noch gar nicht auf der Welt war, die Sünden meiner Väter sühnen muss. Aber plötzlich begreife ich es besser, und ich identifiziere mich mit diesem Volk, das seit zweitausend Jahren die umstrittenen mythologischen Sünden seiner Väter und Vorväter auf seinem Rücken trägt.

Jetzt versuche ich mich zu erinnern, weshalb ich damals

ausgerechnet Israel gewählt habe. Als ich das Stipendium für meine anthropologische Arbeit erhielt, hätte ich Sizilien, Kenia oder Bali wählen können. Jetzt scheint es mir, als sei ich von dem Impuls getrieben worden, den Karl Jaspers als »das seltsamste metaphysische Schuldgefühl, das auf allen von uns lastet« bezeichnet. Vor allem auf uns, der neuen Generation junger Deutscher. Möglicherweise fuhr ich dorthin, um etwas wiedergutzumachen, um irgendeine Schuld – nicht meine – zu begleichen. Möglicherweise eine Art individueller »Wiedergutmachung«. Ich wollte dieses Volk kennenlernen und vielleicht seine und sogar meine Vorurteile ändern. Und wirklich, die Israelis faszinierten mich durch ihre Geradlinigkeit, durch ihre geradezu ans Erotische grenzende Liebe für ihre alt-neue Heimat. Sie faszinierten mich durch ihren verrückten Lebensrhythmus, ihre kraftvolle Mentalität – Menschen, die ihre Kinder auf Bergtouren, in die Wüste oder ans Meer mitnehmen und zwischen einem arabischen Bombenanschlag auf einen Autobus und dem nächsten auf ein Café ein normales Leben führen – als wäre das alles nichts. So etwas könnte man unter Umständen sonst bei Menschen finden, die in irgendeinem gottverlassenen Dorf in Indonesien oder Guatemala am Rand eines Vulkans leben.

Ich habe mich in dieses schöne Land verliebt – in die Stadt Eilat, in das Rote Meer und in die Wüste Sinai. Und später erschien dieser überraschende Boaz, der Mann meiner Träume. Als unsere Blicke sich zum ersten Mal begegneten, wusste ich, der ist für mich geschaffen. Mutig und schön wie James Bond, empfindsam, heißblütig und unberechenbar.

Wir hatten eine wundervolle Zeit zusammen. Wir ergänzten uns großartig. Körperlich und geistig. Das Leben mit ihm war die Verwirklichung all meiner Sehnsüchte. Er erzählte mir viel von seinem Vater, der im Land geboren worden war, und sprach sehr wenig von seiner Mutter, die aus Polen stammte. Und als seine Eltern schließlich und endlich nach Eilat kamen, um Pessach mit uns zu verbringen, als ich die bekannte blaue Nummer auf ihrem Arm sah, als sich ihr Blick verdunkelte, nachdem ich sagte, ich sei in Wuppertal geboren, da wusste ich in Sekundenschnelle, dass es ein Urteil ohne Bewährung war. Dass es noch zu früh war, dass unsere Liebe keine Chance hatte, denn Boaz müsste zwischen mir und seiner Mutter wählen. Anstatt zu warten, bis unsere paradiesischen Tage zur Hölle würden, nutzte ich die Gelegenheit, dass Boaz seinen jährlichen Reservedienst im Libanon leisten musste, packte meinen Rucksack und hinterließ einen Zettel, dass ich nach Ägypten reise, um mich von den Feiertagen auszuruhen. Aber ich war mir bewusst, dass ich nicht mehr zu ihm zurückkehren würde. Ich wusste, dass die Vergangenheit und der Umstand, dass ich Deutsche bin, wie ein schwerer schwarzer Stiefel unser Glück zertrampelt und der schönsten Liebe meines Lebens ein Ende gemacht haben.

Lucynka

In letzter Zeit besuche ich immer häufiger Friedhöfe, denn der Kreis meiner Generation wird immer kleiner. Unwiderruflich. Dort treffe ich Bekannte und Freunde aus alten Tagen; sie haben sich verändert, wie ich mich veränderte, und sie sehen aus, als hätten die vergangenen Jahre ihre Gesichter mit Falten zerfurcht und Haut und Haare mit der Farbe des Alters durchzogen.

Vor einigen Tagen war ich auf der Beerdigung eines Freundes in meinem Alter. Während des letzten Sommers vor der ersten Aktion im Ghetto gehörten wir zu einem konspirativen Kreis, der sich zum Studieren im Garten von Frau M. traf. Unvermutet kehrte die Erinnerung an ein zauberhaftes, vergessenes Mädchen zurück, und ich habe die ganze Nacht von ihr geträumt.

Sie hieß Lucynka Lampel, und aus ihrem Mund hörte ich zum ersten Mal das befremdliche Wort »Kondom«, und ich begriff nicht, weshalb sie es mir so geheimnisvoll ins Ohr flüsterte: Ich werde es dir zeigen, versprach sie.

Bereits am nächsten Nachmittag entfernten wir das Band mit dem Davidstern von den Ärmeln unserer Blusen und stahlen uns aus dem großen Ghetto. Wir gingen zum Boulevard St. Maria, wo sich das Geschäft meiner Großmutter sowie der Frisörsalon von Lucynkas Vater befanden.

Als wir zur Apotheke kamen, wo der blonde Karol arbeitete, in den wir beide verliebt waren, bevor wir ihn für den dunklen Pinek fallenließen, sagte Lucynka zu mir, ich solle ganz aufmerksam ins Schaufenster blicken. Aber ich konnte nichts Auffälliges entdecken. »Lies«, befahl sie. Ich las halblaut *Olla Gummi*. Lucynka versteinerte. »Sei still«, zischte sie zornig, »das ist es, ganz genau!« Neben der Werbetafel mit *Olla Gummi* in knallroten Buchstaben stand ein kurzes dickes Röhrchen, eingehüllt in einen hautfarbenen Ballon. Ich verstand gar nichts, wurde jedoch von Unruhe gepackt, weil die Stunde der Ausgangssperre nahte. Wir mussten uns beeilen, eilig ins Ghetto zurücklaufen, uns das Band mit dem Davidstern über die Arme streifen, nach Hause eilen, um pünktlich und mit gleichgültigem Gesichtsausdruck in die Küche zu schlendern. Denn außer der Furcht vor den Deutschen, die auf der Suche nach Opfern waren, hatte ich Schläge zu erwarten, wenn ich nach Eintritt der Ausgangssperre nach Hause kam.

Am folgenden Tag trafen wir uns an unserem festen Treffpunkt in der Garibaldi-Straße, in den Ruinen unserer Synagoge (die schon im Dezember 1939 von den Deutschen abgebrannt worden war), und dort enthüllte mir Lucynka die Tatsachen des Lebens.

Sie wusste selbst nicht ganz genau, worüber sie sprach, erklärte mir aber mit Sicherheit, dass die Männer ihren *bulbul* in den *pupik* – den Nabel – der Frauen stecken, aus welchem später die Kinder schlüpfen. »Tu mir einen Gefallen, und glaub nicht an die Geschichten vom Storch«, schloss sie mit sichtlicher Herablassung.

Ihre Erklärung erschien mir wirklich logisch; denn wozu hat der Mensch mitten im Bauch so ein merkwürdiges, überflüssiges Loch? Jedoch schien mir die ganze Sache eklig und abstoßend.

Abends wandte ich mich an meinen Vater, um diese Information zu prüfen. Vater war schrecklich nervös, denn gerade an diesem Tag hatten die Deutschen durch den Judenrat einen neuen Beitrag von Gold, Pelzen und Metallbeschlägen für den »Kriegsaufwand« gefordert. Mein Vater stand auf der Liste derjenigen, die festgenommen und deportiert werden sollten, wenn der Beitrag nicht fristgemäß einträfe. Deshalb sah er mich zerstreut an, als ich ihn fragte, ob auch er mit der Mutter so eine schweinische Sache gemacht habe, damit ich das Licht der Welt erblicke. »Was für eine schweinische Sache? Worüber sprichst du eigentlich?«, fragte er völlig abwesend. Da ich keine andere Wahl hatte, enthüllte ich ihm die »Tatsachen des Lebens«. Und wie von einem Zauberstab berührt, hellte sich sein Gesicht auf, und er brach in ein schallendes, befreiendes Gelächter aus – das Lachen von vor dem Krieg! –, umarmte mich fest, drückte mir einen dicken Kuss auf beide Wangen und sagte: »Wolltest du, dass ich auf ein so schönes und kluges Mädchen wie dich verzichte?« (Wie konnte er auch wissen, dass er bereits in kurzer Zeit auf mich würde verzichten müssen?)

Am Sonntag versammelte unsere Klassenlehrerin, Frau Lonya (die bei der Endlösung des Ghettos am 25. Juni 1943 erschossen wurde) alle Mädchen unter der alten Platane, um uns etwas sehr Nebulöses über Menstruation, Schwangerschaft und Geburt zu erzählen, wobei sie alle möglichen Diagramme und befremdlichen Zeichnungen vor uns ausbreitete. Zusammenfassend sagte sie: »So ist es bei allen Säugetieren, aber ihr habt noch lange Zeit bis dahin.« Dann fügte sie still und traurig hinzu: »Wer weiß, ob ihr diese Information überhaupt brauchen werdet.«

Ich verstand nichts, war aber total verwirrt. Natürlich glaubte Lucynca ihr überhaupt nichts, und die Jungen waren schrecklich beleidigt, weil nur wir Mädchen diese Dinge erfahren hatten, über die wir nicht mit ihnen sprechen durften.

Kurze Zeit später wurden die Blätter gelb und fielen von den Bäumen. Der Herbst kam und mit ihm Neujahr und das Versöhnungsfest; aber in unsere heilige Stadt kam auch die erste Aktion, in deren Verlauf das kurze Leben der elfjährigen Lucynca Lampel beendet wurde, so dass sie niemals wissen würde, was wirklich zwischen Frauen und Männern geschieht und auf welche Weise und weshalb Kinder geboren werden …

Blitzlicht auf Częstochowa

Sie ist sechs Jahre alt und hat im Mai Geburtstag, es ist ein schöner Frühlingstag. Auf dem Boulevard St. Maria blühen die Linden. Die Luft ist voll blütenweißer leichter Watte. Das kommt sicher von den alten Kastanien im Park von Jasna Góra, der Helle Berg genannt, auf dem das Paulinerkloster stolz die Stadt beherrscht. Alles ist voller Fliederduft und Glück. Der Himmel ist so blau wie die Augen der Mutter, die einen Frühlingsmantel trägt, auf dem hellen Haar einen Hut, den sie mit der Hand festhält. Vor wenigen Minuten haben sie die neue Wohnung in der Piłsudski-Straße verlassen.

Sie ist sehr glücklich, denn die Mutter erlaubt ihr, Kniestrümpfe zu tragen anstatt der verhassten wollenen Strumpfhosen. Sie gehen langsam in Richtung Boulevard, wo das Stoffgeschäft liegt, das der Familie gehört. Direkt hinter der Brücke. Am Morgen haben sie beschlossen, den Vater zu besuchen, um ihm eine Überraschung zu bereiten. Sobald sie das Geschäft erreicht haben, bleibt sie einige Minuten vor dem Schaufenster stehen, das der Vater selbst dekoriert hat, denn eigentlich ist er Maler.

Was für einen künstlerischen Geschmack Sie haben, Herr Leon!, sagen einige kokette Damen, Kundinnen, die im Geschäft Seide, Crêpe de Chine, Georgette, Jacquard, Chiffon, Taft, Kaschmir, Angora, Wolle, Samt und Tweed kaufen, um sich Sommer- und Winterkleider, Abendroben, Kostüme, Mäntel, Röcke und Blusen zu nähen. Plötzlich sieht sie, dass etwas anders ist als am Vortag. Eine befremdliche Ansammlung vor dem Geschäft. Sie zieht die Mutter am Ärmel, aber die ist gerade damit beschäftigt, die Grüße auf der Straße vorübergehender Bekannter zu erwidern, sie lächelt und nimmt nichts anderes wahr. Da hört sie eine Gruppe polnischer Rowdys laut und rhythmisch rufen:

Kauf nicht bei Juden
Weil sie betrügen.
Unser Rat ist gut
Bestiehl dich nicht selbst!

Die antisemitische Polizei – *Pikieta* –, plötzlich erinnert sie sich an den seltsamen Ausdruck, den sie bei irgendeinem Gespräch der Erwachsenen aufgeschnappt hat. Auf die Scheiben des Geschäfts hat jemand schluderig mit weißer Farbe einen Davidstern geschmiert. Schon bald würden die Deutschen alle Einwohner des Ghettos zwingen, genau so einen Stern am Ärmel zu tragen, genau so einen, wie er viel später stolz auf der Flagge des jüdischen Staates wehen würde. Aber vorläufig erstarrte beiden das Blut in den Adern, denn die Rowdys erlauben weder ihr noch der Mutter – beide blond von Geburt an – das Geschäft zu betreten. Und die Mutter sagt mit vor Aufregung zitternder Stimme mutig: Entschuldigung, aber das ist das Geschäft meines Mannes …

Mit roher Gewalt werden sie in das Dunkel des Geschäfts gestoßen, wie in eine schwarze Grube. Aber in wenigen Sekunden ist sie in den warmen Armen des Vaters, und mit herzzerreißendem Weinen fragt sie: »Warum, Vater, warum?«

Sie ist noch klein, erst sechs Jahre alt, sie weiß nicht, dass ihr Schicksal besiegelt ist, dass Częstochowa sich ihr noch oft verschließen wird. Dass die kultivierten Deutschen all ihre Lieben verbrennen werden. Dass sie mit einer kleinen Gruppe anderer gerettet werden und noch viele Jahre leben wird. Möglicherweise, um sich zu erinnern und bis zu ihrem Tod zu erzählen, was geschah?

Abschied von meiner toten Klasse

Erst am fünfundfünfzigsten Jahrestag der ersten Aktion in meiner Geburtsstadt nehme ich sie mit zu einem Klassenausflug nach Eilat. Wie zu einer Bat-Mizwa-Feier. Aber vielleicht hatte ich sie ja – ohne es zu wissen – immer überallhin mitgenommen?

Während ich am Strand des Roten Meeres stehe, dessen Wasser smaragdfarben leuchtet, betrachte ich jene, die einst, vor langer Zeit, mit mir am silbrigen Lauf der Warthe standen. Dort hatten wir uns, inspiriert von Halina Górskas Buch *Über den schwarzen Wassern*, Treue und Freundschaft bis zum letzten Tag gelobt. Alle standen wir dort, alle Kameraden des »Bundes Blauer Ritter«: Moniusch, Lucek, Leika, Mareczek, Cheika, Lucynka, Lilka, Jurek, Halinka, Marilka, Dorcia, Szlamek, Rachelka, Zenek und Natascha. Damals lernten wir die Lieder Julian Tuwims auswendig, die wir liebten und uns gegenseitig vortrugen. Das traurige Lied »Pjotr Plaksin« und das rhythmische »Die Lokomotive«, und später führte die Lokomotive sie auf Nimmerwiedersehen weg.

Ich betrachte sie: Jetzt stehen sie am Flughafen, völlig verwirrt von unserem globalen Dorf, von den flimmernden Computern, den Handys, von den blitzenden Lichtern aus den Fernsehern, den Geldausgabe- und den Kondomautomaten und schließlich von den Flugzeugen; die haben sie aber noch von den deutschen Bombenangriffen 1939 in Erinnerung.

Bleich stehen sie am Strand des Roten Meers; ausgedörrt stehen sie da, ja sogar hungrig und durstig, obwohl sie im Flugzeug Coca-Cola getrunken, gesalzene Erdnüsse und süße Schokoladenplätzchen geknabbert haben, die ihnen die dunkelhäutige Stewardess mit kaum verhohlenem Staunen servierte.

Angetan mit wollenen Badeanzügen, die seit Jahren aus der Mode gekommen und bereits nach dem ersten Bad eingegangen und hart geworden waren, gehen sie vorsichtig in das kühle Wasser, und eine Frau sagt zu ihrer Freundin mit einem Anflug von Verachtung: »Schau, diese Kinder dort, sicher Einwandererkinder aus Russland, dort haben sie noch nicht einmal Lycra erfunden!«

Und schon springen junge Frauen nur im Bikinislip ins Wasser, und die Jungen betrachten sie verstohlen, verlegen, erregt, die jungen Mädchen dagegen in der Hoffnung, dass auch ihnen bald so rosige und kecke Brüste wachsen werden, sie vergessen nur, dass sie niemals etwas haben werden, dass sie schon vor Jahren als Rauch in den Himmel aufgestiegen sind, als alle – Gott und die Menschen – ihnen den Rücken zukehrten.

Mit zunehmender Verwunderung betrachten sie die bunten Fische am nahen Korallenriff: die gelben, schwarz gestreiften Zebrafische, die großen schwarzen Papageienfische mit dem grünlichen Ring um den Bauch, die flinken Napoleonfische, die furchtlos zwischen den Beinen der Badenden umherschwimmen; und sie fragen verzweifelt: »Und all das gab es auch damals, als man uns …?«

Und später ruhen sie in den gestreiften Liegestühlen am Strand, in einer Reihe mit den gesunden braungebrannten Enkeln (vielleicht sogar auch Urenkeln) ihrer Mörder, die unser schönes und warmes Land so gern besuchen.

Und sie lauschen dem Sprachgewirr, aber Jiddisch spricht hier niemand mehr.

Und an den Palmen, die die Wolken küssen, reifen in der brennenden Sonne gelbe Dattelbündel, und ich schluchze still in mich hinein, in meinen welken Körper und schäme mich, weil ich immer noch hier bin und mich an alles erinnere, als wäre es erst gestern gewesen.

Und im schimmernden Abenddunst, bei Sonnenuntergang, ziehen sich die Gefährten meiner zerrissenen Kindheit zurück, entschwinden ... Ich rufe sie, flehe sie an: »Geht nicht! Bleibt bei mir! Das gehört nicht nur mir, es gehört auch euch!«

Aber sie schütteln ihre kahlgeschorenen Köpfe und sagen: »Nein, nein, du bist sehr gut ohne uns zurechtgekommen.«

Aber was hätte ich tun sollen? Sollte ich entschuldigend antworten, entweder man lebt oder man stirbt ...? Aber manchmal war es schwer. Sehr, sehr schwer. Und der scharfsinnige Szlamek ruft, schon aus der Ferne: »Schwer war's, was?«

Eine israelische Geschichte

Elkana

Zum ersten Mal in meinem Leben sah ich das Meer 1947 in Bogliasco, Italien, als ich aus dem schwarzen Schlauchboot aufs Schiff stieg.

Ich war erstaunt und erregt vor lauter Entzücken. Ich wusste, dass es Ozeane und Meere auf der Welt gab, hatte sie auf Landkarten gesehen, aber was sich da vor mir auftat, was ich sah und hörte, hatte ich mir bis dahin überhaupt nicht vorstellen können. Die schiere Menge klaren Wassers, das unaufhörliche Rauschen, die ständig wechselnden Farben, die Wellen, in denen das Leben selbst pulsiert. Am Abend hoch, mit weißem Schaum bedeckt, zornig an die Küste schlagend, um im Morgengrauen schon sanft den goldenen Sand zu berühren, kommend und gehend mit leichtem Säuseln. Fern am Horizont sinkt Abend für Abend die Sonne wie eine riesige Orange und streut Nuancen von Rost aufs Wasser.

Dieses Schauspiel raubte mir den Atem, und zum ersten Mal seit der Befreiung löste sich aus meinem Innern ein Weinen. Ich fiel auf den gelben Sand, und ein fast tierisches Heulen brach aus meiner Kehle. Als ich später ins Wasser ging, fühlte ich, wie die blaue Durchsichtigkeit des Salzwassers alles von mir abwusch – wie reinigende Tränen. Alles, was Seife und Shampoo bis jetzt nicht geschafft hatten. Ich war gereinigt, und plötzlich wurde mir klar, dass nur dieses rhythmische Rauschen mich hatte beruhigen können. Ich würde ruhig einschlafen und jede Nacht ohne Albträume durchschlafen. Und wirklich, während der nächsten zwei Wochen auf dem Schattenschiff, unter eintausendzweihundert illegalen Einwanderern, auf einer Fläche von 50 mal 90 cm pro Kopf, mit einer Tagesration von zwei Zwiebäcken und einer Tasse Süßwasser, kehrte ich ins Leben zurück. Schon damals wusste ich, dass ich mich nicht vom Meer entfernen durfte, denn nur wenn ich den salzigen Dunst einatme und der unaufhörlichen Weise der Wellen lausche, nur dann bin ich wieder ein menschliches Wesen.

Im Morgengrauen kommen Lastwagen und sammeln uns ein. Wir stehen gedrängt auf der Plattform. Der Wind zaust unser Haar. Wir singen mit heiseren Kehlen gegen das Wehen des Chamsin russische Melodien zu hebräischen Texten. Der Duft der Orangenblüte parfümiert die Luft. Es ist Frühling 1949. Ich gehöre zu einer Gruppe junger Pioniere, ehemalige Kämpfer des legendären Palmach. Wir errichten eine Brücke über dem im Sommer ausgetrockneten Fluss Rubin, die Bailey-Brücke, meine Brücke zum Leben. Wir bauen einen Fischerkibbuz, eine neue Siedlung am Meeresufer. Giv'at Hacherut – Hügel der Freiheit – wird er heißen. Ich bin fast glücklich.

Ich heiße Elkana ben Shomron. Jetzt habe ich eine neue Biografie, bis ins kleinste Detail ausgearbeitet. Ich wurde in Beit She'arim geboren. Mein Vater ist im Zweiten Weltkrieg beim Kampf um Monte Casino gefallen, in den Reihen der Jüdischen Brigade. Meine Mutter starb bei der Trockenlegung der Sümpfe des Hulasees an Malaria. Ich habe einen Onkel in Hadera und eine Großmutter in Gedera. Ein Sabre von Kopf bis Fuß. Obwohl ich nicht viel rede, ist mein Hebräisch fließend.

Bereits in den Flüchtlingslagern in Deutschland, Italien und auf Zypern habe ich fleißig diese schwere Sprache gelernt. Abends lese ich in der Bibel, verstehe jedoch nur den Bruchteil eines Bruchteils. Während des Militärdiensts lernte ich verschiedene Abkürzungen und Witze. Niemand verdächtigt mich, dass ich von dort komme. Allmählich glaube ich selbst an meine neue Biografie.

Voller Enthusiasmus und in Schweiß gebadet befestige ich die riesigen Schrauben der Brücke. Wolken winziger Fliegen, *barchasch* genannt, kleben an meinem feuchten Gesicht. Von Zeit zu Zeit trinke ich aus meiner Armeeflasche lauwarmes Wasser und wische mein verschwitztes Gesicht mit meinem khakifarbenen Hut ab.

Sobald die Brücke fertig ist, spannen wir Netze über die Dünen und befestigen sie mit Eisenstangen. Auf diese Weise können die Lastwagen Baumaterial, Wasser und Verpflegung nach Giv'at Hacherut bringen, ohne in den Wanderdünen zu versinken. Gemeinsam mit meinen neuen Freunden setze ich mich in den spärlichen Schatten eines krummen Feigenbaums zum Frühstück, beiße mit großem Genuss in eine dicke Scheibe Brot, von der die schmelzende Margarine tropft. Sand knirscht zwischen den Zähnen, ich ersticke beinahe an dem hartgekochten Ei. Ich sauge an einer Tomate, die so warm ist, als wäre sie gekocht, und an einer saftigen Orange. Mit wachsender Verwunderung starre ich auf das Meer, auf die mit grünen Sträuchern gesprenkelten Dünen, betrachte die wilden Weinreben und die Feigenbäume. Ich fühle etwas – fast wie Glück. Bin ich das?

Später errichten wir auf dem Hügel, der sich über dem Meer erhebt, vorfabrizierte Baracken und einen kleinen, hellen Speisesaal. Wir arbeiten an die zehn Stunden täglich, fast ohne Pause; und nachts bilden wir paarweise Schichten, bewaffnet, bewachen unseren spärlichen Besitz vor den arabischen *Fedajin*, die barfuß aus Gaza und Hebron kommen, um die neuen Siedlungen zu berauben und zu zerstören und die Pioniere zu ermorden. Ich liebe diese Nächte, die neuen Farben und Klänge, die mir fremd sind, das Heulen der Schakale, den Ruf der weißen Eulen, den Flügelschlag der Fledermäuse und das Rauschen des schwarzen Wassers unter dem mit Sternen bestickten Nachthimmel.

Am Ende eines Arbeitstages gehen wir hinunter zum Meer, und nach jedem Bad komme ich mehr und mehr zu der Überzeugung, dass von mir nicht länger der Gestank jener Latrine im Lager ausgeht, in der ich vor der Befreiung drei Stunden lang bis zum Hals im Kot stand. Gelähmt vor Angst und Ekel sah ich auf weiße Würmer, die drohten an dem, was von mir geblieben war, zu nagen. Ich will mich an nichts und niemand erinnern.

Später komme ich, gereinigt und salzig, aus dem Wasser und schreibe mit dem Finger auf Hebräisch in den weichen und glatten Sand: »Hier baut Elkana sein Haus.«

Am 11. April 1949 feiern wir die Einweihung unseres Kibbuz Giv'at Hacherut. Politiker kommen und halten feierliche Reden, auch Familienangehörige meiner Freunde werden kommen. Zu mir kommt natürlich niemand. Ich erkläre stammelnd, dass meine Großmutter in Hadera alt und mein Onkel in Gedera krank sei. Einsam und krank vor Eifersucht, finde ich Trost, indem ich am Sprechchor teilnehme, fast ohne die Worte zu verstehen:

Lasst uns eine Leiter an die Wand lehnen
und uns dran festhalten.
auf- und absteigen
mit Eimer und Blech.
Meine Schuhe
sind staubig und genagelt,
wie wilde Gesandte eines Aufstands.
Eimer und Blech
heute ergebe ich mich dir,
festtagsentwöhnt:
Und gerade du bringst Zement
für den Beton!
Jetzt heißt es Schakal, Eule
auch Pelikan verjagen.
Jetzt sollst du Kraft
in jeden Eimer füllen!
Vom Hügel starren Schakale voll Angst
auf die fertigen Häuser!

Gidi

Ich wurde auf ihn aufmerksam, während wir die Brücke
bauten. Er gehörte nicht zu der Gruppe, die sich schon zur
Zeit unserer Kindheit bei den Pfadfindern gebildet hatte, er
hatte auch nicht an der gemeinsamen Vorbereitung auf den
Kibbuz oder an den Kämpfen in den Reihen des Palmach
teilgenommen.

Er kam zu uns von der berühmten Einheit der *Shu'alei
Samson* – Samsons Füchse – (neun Jeeps und 35 Soldaten, bekannt für ihren Wagemut und ihre Tapferkeit), die im Süden

gekämpft hatten. Wenn ich meine Freunde über ihn befrage, sagen sie, er sei ein Sabre, geboren in Beit She'arim, fleißig, schweigsam und in der Lage, schnell unglaubliche Mengen von Essen zu verschlingen.

Dennoch sind gewisse Details seiner Biografie unglaubwürdig. Er ist ganz anders, fremd und eigentümlich. Anscheinend schenkt dem niemand außer mir Beachtung. Jeder von uns ist zu sehr mit sich selbst beschäftigt.

Wir alle haben bereits als Zwanzigjährige den Unabhängigkeitskrieg, den Verlust lieber Freunde – fast Brüder – sowie verzweifelte Kämpfe gegen die gut ausgerüsteten Armeen unserer arabischen Nachbarn mitgemacht.

Dichter schreiben Lieder und Gedichte über uns. Wir sind das »Silbertablett«, auf dem der Staat der Juden dem Volk gereicht wird. Aber wir sind nicht die herkömmlichen Juden aus der Diaspora, denn wir kamen vom Meer und aus der Wüste in die Welt, nicht mehr und nicht weniger als direkt aus der Bibel. Leichten Fußes sprangen wir anmutig über Tausende Jahre Geschichte. Wir sind der Nabel der Welt, das Salz der Erde; fast wie die Makkabäer, die Nachkommen von Königen und Propheten, die kraftvoll über diese verbrannte Erde schritten. Die Welt bewundert unsere Taten. Unsere Eltern, die aus Vilna, Pinsk, Minsk, Warschau, Rypin und Berlin kamen, bewundern uns. Der Morgenwind zaust unseren blonden Schopf und singt uns ein Preislied. Und jetzt sind wir auch Pioniere, bringen die Wüste zum Blühen und errichten eine neue Siedlung auf der Karte des Landes, einen jungen Kibbuz von Fischern. Wir sind die Verkörperung des zionistischen Traums. Das Salz der Erde.

Wer hat Geduld, wer hat Zeit, den Nächsten zu beachten? Die schwere Arbeit unterdrückt die Triebe etwas, aber die Hormone schäumen. Unsere schönen Mädchen strahlen und verführen. Ihre kurzen Hosen spannen sich an den gebräunten Schenkeln, und ihre einfachen Blusen können die aufreizende Weiblichkeit kaum verbergen. Es gibt schon einige Paare bei uns, die sich offen umarmen und an den Händen halten. Aber wir Singles sind unruhig.

Den ersten Sederabend halten wir im gemeinsamen Speisesaal unseres Kibbuz. Wir bedecken die langen Tische, die wir aus rauen Brettern improvisieren, mit weißem Papier. Mit unseren »biblischen« Sandalen stapfen wir durch den Sand und versinken darin, denn wir haben noch keinen Fußboden angelegt. Als Bänke benutzen wir Zementblöcke, die vom Brückenbau übrig geblieben sind, über die wir dicke Balken legen. Gewaschen und gekämmt setzen wir uns zum festlichen Mahl. Die Jungen in bestickten Russenkitteln und Khakihosen, die unter der Matratze gebügelt wurden. Die Mädchen tragen schneeweiße Seidenblusen und schwarze Trägerröcke. Wir lesen die Geschichte vom Auszug aus Ägypten, und Elkana, der Jüngste unter uns, stellt mit vor Aufregung zitternder Stimme die traditionellen vier Fragen: Was unterscheidet diese Nacht von allen anderen? Ich sehe ihn sehr aufmerksam an, und plötzlich begreife ich: Er kommt von dort. Aus der schwarzen Untiefe, der unfassbaren, die das europäische Judentum verschluckt hat, in der es fast spurlos verschwunden war. Ich betrachte ihn und versuche zu erraten, welchen Preis er bis jetzt für seine Rettung bezahlt hat, bezahlt und noch bezahlen wird – sein ganzes Leben lang, denn noch weiß ich nicht, wie kurz sein Leben sein wird.

Aber Elkana sieht ganz und gar nicht aus wie jemand, der als »Schlachtvieh« betrachtet wird. Er ist blond, muskulös, hochgewachsen, nur seine Augen sind merkwürdig. Als seien sie tot. Ausgebrannt, geht es mir durch den Kopf.

Elkana

Nach der Begeisterung und den Festtagen kommen – wie
immer – die grauen Werktage, lange, erschöpfende Arbeits-
tage auf dem Feld. Alle zwei Monate Nachtwache mit dem
tschechischen Gewehr auf der Schulter. Eine Woche lang.
Einmal war mein Partner beim Wachdienst Gidi, auf den ich
schon lange aufmerksam geworden war. Er gefiel mir einfach. Wie alle Sabres hatte er einen prätentiösen Namen: Gideon Lev Ari (Löwenherz), wurde aber einfach Gidi gerufen.
Während der ersten Nachtstunden bin ich sehr nervös und
vorsichtig. Zerstreut frage ich ihn nach allen möglichen
Leuten aus dem Kibbuz. Gidi ist sehr intelligent, klug und
gebildet. Er liest eine Menge. Auf meine Fragen antwortet
er sachlich und kurz, ohne zu lästern. Er wurde in Jerusalem geboren, seine Eltern waren noch als Jugendliche aus
Russland gekommen. Er hat das renommierteste Gymnasium in Jerusalem besucht und Abitur gemacht. Er ist nicht
schön, vielleicht sogar eher hässlich, trägt eine Brille mit
dicken Gläsern, und seine Unterlippe sticht dick hervor,
aber er strahlt viel Selbstbewusstsein aus. Vielleicht verstellt
er sich auch nur. Während der dritten Nacht unserer Wache verwirrt er mich – ohne Vorwarnung – mit der Frage:
Aber du, Elkana, du bist nicht der, der du vorgibst zu sein,
nicht wahr? Ich weiß selbst nicht, wie es ihm gelang, mein
Misstrauen zu durchbrechen. Vielleicht dank der dunklen
mondlosen Nacht, die eine Art Nähe zwischen uns schafft,
die ich vorher nicht kannte. Und ich öffne ihm mein Herz
und bitte ihn, mein Geheimnis zu bewahren. Erzähle ihm,
wie leicht es für einen Neueinwanderer ist, sich eine neue

Identität zu schaffen, einen neuen Nachnamen, Vornamen, Geburtsdatum, denn die meisten von uns haben weder einen Personalausweis noch andere Papiere, und es bleibt nichts anderes übrig, als uns zu glauben. Er stellt viele Fragen über die Vernichtung und über die Rettung. Ich bin wirklich entsetzt, wie wenig sie hier darüber wissen, was dort passiert ist. Sie glauben, dass es dort eine kleine Gruppe deutscher Sadisten gab, Gestapo oder SS, und dass sechs Millionen Juden mit gebeugtem Rücken folgsam in den Tod gingen wie eine Herde zur Schlachtbank. Nur eine kleine Schar von Helden, selbstverständlich Zöglinge der zionistischen Bewegung, erhob sich und rettete die Ehre des europäischen Judentums für die folgenden Generationen. Ein Jude, der gerettet wurde, denken sie, hat irgendein schweres Verbrechen begangen – Mord oder Verrat. Sie nennen die Überlebenden hier menschlichen Staub, menschlichen Abfall. Ich bemühe mich, ihm die allgemeine Situation zu erklären, ohne auf die Einzelheiten meines Lebens einzugehen. Aber in jener Nacht entsteht zwischen uns eine tiefe Freundschaft. Nach und nach erkläre ich ihm mein Leben während des Krieges, der sechs Jahre dauerte.

Von Zeit zu Zeit fahren wir mit dem Bus in die Stadt, um uns gemeinsam einen interessanten Film anzusehen, und wieder zuhause, sprechen wir ausführlich darüber. Er empfiehlt mir Bücher zur Lektüre und ist neugierig, meine Meinung zu hören. Er hilft mir, mich aufs Abitur vorzubereiten, denn seiner Ansicht nach steht meine intellektuelle Fähigkeit seiner nicht nach. Wir sprechen viel über Frauen, denn auf diesem Gebiet hat er fast keine Erfahrung. Er spricht so schön über die Liebe in Gedichten und der Literatur, ich dagegen erzähle ihm vom Geschmack der Lippen junger Mädchen, von dem Honig unter ihrer Zunge, dem Samt ihrer Brüste.

Über den Rausch, der dich in dem Augenblick erfasst, wenn eine Frau von deinen Küssen und deinem Streicheln erregt ist. Ich habe mehr als einmal diese unbeschreibliche Süße heimlich in Scheunen, Kuhställen und Mansarden gekostet. Und er sagt, dass das auf Französisch *La petite mort* heißt, der kleine Tod, und ich sage, dass für mich nur ein großer Tod gemeint sein kann ...

Im gleichen Jahr, 1950, ereignen sich in diesem Land zwei der wichtigsten Dinge meines Lebens. Ich beginne auf unserem neuen holländischen Fischerboot, Andromeda, zu arbeiten. Ich bin jetzt Fischer. Wir segeln weit hinaus in Richtung Gaza, werfen nachts Netze aus. Morgens und mittags ruft unser italienischer Kapitän Domenicano LaTerza, der uns das Fischen beibringt, *vira raggazi – vira*, zieht, Jungs, zieht! Mit aller Kraft ziehen wir die Netze, beladen mit zappelnden, in der Sonne silbern und golden leuchtenden Fischen, an Bord. Riesige Barsche und winzige Sardinen. Das ganze Deck stinkt nach Fisch, Algen und Meer. Ich bin glücklich und erinnere mich nicht länger an meine düstere Vergangenheit, ich bin ganz und gar in den Glanz der Gegenwart getaucht, in das klare, grüne Meer unter dem blauen, wolkenlosen Himmel.

Und in demselben Jahr fliegt Israel 130 000 verfolgte irakische Juden aus Bagdad ein, im Rahmen der »Ezra und Nehemia«-Aktion. Was für ein prätentiöser Name! Die ersten Flugzeuge kommen aus Bagdad via Zypern und später per Luftbrücke direkt nach Tel Aviv. 6 000 Juden bleiben im Irak zurück. So findet eine historische Epoche von über zweitausendfünfhundert Jahren in jenem Land ihr Ende.

Unser Kibbuz wurde vervollständigt durch eine zionistische Jugendgruppe, die sich selbst die »Babylonier« nannte. Ihre Erscheinung, ihr gutes, gutturales Hebräisch erstaunen mich, und ich möchte mehr über dieses Land wissen, Babylon. Ich kenne nur das biblische Babylon, wo Gott die Sprachen der Menschen verwirrte, damit sie sich nicht über ihn erheben, und sie über den Erdball zerstreute.

Zur Gruppe der Babylonier gehört ein junges Mädchen, in das ich mich auf den ersten Blick verliebe. Sie heißt Amalia Matok. Gott arbeitete hart, um ein solches Naturwunder zu erschaffen! So hat sicher die Königin von Saba ausgesehen.

Sie ist dunkel, eine Fülle von kastanienbraunen Locken ringelt sich um ihr Gesicht, sie betrachtet die Welt und die Menschen aus riesigen mandelförmigen Augen, beschattet von langen Wimpern. Sie hat einen schönen Körper, volle Brüste, die langen Beine einer Gazelle, schmale Hüften und einen breiten, flachen Bauch. Aber sie ist sich ihrer Schönheit und ihrer Weiblichkeit überhaupt nicht bewusst. Ihre Bewegungen sind sparsam, sie lächelt scheu und bescheiden. Ich betrachte sie bewundernd und sehnsüchtig, und mein Selbsterhaltungstrieb flüstert: Das Schicksal hat dir diese Frau geschickt. An ihrer Seite wirst du bis ans Ende deiner Tage sein. Sie wird dir Töchter und Söhne gebären, dich in langen, kalten Winternächten wärmen und in heißen Sommernächten deine Sehnsüchte stillen. Sie wird dich lieben, so wie du bist, und nicht nach deiner Vergangenheit fragen, denn wahrscheinlich weiß sie nicht viel von jener Welt, aus der du kommst.

Ich beginne sie zu umwerben, versuche, sie auf allen möglichen Wegen zu bestricken – wie ein polnischer Ritter. Und eines Abends im Sommer macht sie mit mir einen Spaziergang am Strand, schmilzt dahin, als ich leidenschaftlich ihre Lippen küsse, erwidert mein kühnes Streicheln. Nur mühsam können wir unsere Leidenschaft zügeln. Ich bitte sie, mich zu heiraten, und erzähle ihr, dass ich sie vom ersten Augenblick an begehrte, der bloße Gedanke an ihren Körper bereitet mir stürmische Nächte. Auch sie zieht es zu mir hin, sagt sie, ich gefiele ihr, weil ich anders als die übrigen Sabres bin. Stets erwartet sie ungeduldig meine Rückkehr vom Fischen. Sie gibt sich ohne Vorbehalte, einfach und mit der alten östlichen Weisheit ihres Körpers; sie gibt sich mir am Strand hin auf einer Armeedecke, jungfräulich und köstlich. Später singt sie mit ihrer warmen Altstimme arabische Liebeslieder und sagt, dass sie sich von jetzt an jede Nacht nach mir sehnen wird. Und ich flüstere: Amalia, meine Amalia.

Und schon am folgenden Morgen kommen wir eng umschlungen in den Speisesaal, und in Gidis Augen blitzt hinter den dicken Brillengläsern Eifersucht auf. Wir beziehen ein Familienzimmer, bringen unsere schmalen, keuschen Betten hinein, stellen Apfelsinenkisten auf, die uns als Schrank und Tisch dienen, und an die Wand hängen wir, wie alle, blasse Reproduktionen von van Gogh und Diego Rivera. Genau so möchte ich leben: in einer Kommune, ohne Geld anzurühren, das nur Ärger bringt. »Jeder gibt nach seiner Fähigkeit und bekommt, was er braucht«, lautet das Motto dieses Kibbuz, und das passt sehr gut zu mir. Noch in Europa wählte ich diese Art Leben, die meiner Auffassung nach die gerechteste ist.

Amalia

In dem jungen Staat Israel leben Anfang der fünfziger Jahre ungefähr 100 000 Neueinwanderer aus Europa, dem Jemen, Marokko und dem Irak zusammengepfercht in Übergangslagern, *ma'abarot* genannt, die über das ganze Land verstreut sind. Diese Wohnquartiere bestehen aus Zelten, Holzhütten und Baracken. Die Wohnbedingungen in den Ma'abarot sind unerträglich. Häufig leben mehrere Familien in einer kleinen Baracke ohne Trennwände. Es gibt keine Elektrizität und die Nahrungsmittel sind rationiert. Es gibt keine Arbeit, im Gegenteil: Es herrscht Arbeitslosigkeit, und manchmal herrscht auch Hunger. Die Neueinwanderer sind verzweifelt und sehen auch für die Zukunft keine Hoffnung. Da ist zum Beispiel mein Vater: In Bagdad hatte er ein kleines Textilgeschäft, war dank seiner schönen Stimme ein angesehenes Mitglied seiner Gemeinde und amtierte an hohen Feiertagen als Kantor in der Synagoge. Als er hier aus dem Flugzeug stieg, den Boden des Landes Israel – des Gelobten Landes – betrat, feierlich in seinen dreiteiligen Schabbat-Anzug gekleidet, mit einem eleganten Hut auf der weißen *kippa*, bespritzte eine hellblonde, energische Soldatin ihn mit DDT, einem Mittel gegen Läuse, Flöhe und Wanzen, bis sein schwarzer Anzug und sein dunkles Gesicht völlig weiß waren. Diese Demütigung wird er bis ans Ende seiner Tage nicht überwinden.

Der kalte, regnerische Winter des Jahres 1950 ist für die Bewohner der Ma'abarot besonders schwer. Der Schnee fällt dicht, ein seltenes Erlebnis für uns, er bedeckt das Land von Norden her und erstreckt sich bis zum Negev, ja sogar noch weiter in den Süden. In Galiläa sinken die Temperaturen bis minus 10 Grad. Die Ma'abarot stehen unter Wasser, das die baufälligen Baracken zum Einsturz bringt. Es gibt nicht genügend Decken und warme Kleidung. Das Wasser überflutet einzelne Zelte und Baracken, die wie winzige Inseln gegen Wasser, Kälte und Hunger ankämpfen.

Gerettet von einem sinkenden Schiff, denke ich, als ich im Auto vom Kibbuz, beladen mit Nahrungsmitteln und Decken, näher zu den Ma'abarot in Or Yehuda komme, wo sich meine Familie befindet. Meine Eltern mit zwei kleinen Töchtern und meinem sechs Wochen alten Bruder. Meine Mutter hat keine Milch für ihn. Die Armee schickt Jeeps und Geländefahrzeuge mit Nahrungsmitteln; Piloten, die Angehörige benachbarter Kibbuzzim sind, werfen mit Fallschirmen Säcke mit Brot ab, die in den Schlamm fallen und eilig herausgezogen werden müssen, damit das Brot nicht feucht wird und schleunigst an die hungrigen und verwirrten Bewohner der Ma'abarot verteilt werden kann. Elkana sagt: »Das ist wenigstens Brot für Lebende.«

Ich erinnere mich an diese Winternacht, als sei es gestern gewesen. Gidi organisiert für uns einen Vorrat an Lebensmitteln und den Ford des Kibbuz. Ich bin schon schwanger. In dem vom Wasser überfluteten Zelt steht meine Mutter auf einem Bett, das zur Hälfte im Schlamm steckt; vorsichtig reicht sie mir ein kleines Bündel. Es ist mein Bruder, sechs Wochen alt, er schreit vor Hunger. Ich möchte ihn mit der warmen Milch in meiner Thermosflasche füttern, aber Elkana nimmt mir das Bündel aus den Händen. Sein Mantel, sein Hemd und seine Jacke sind offen.

Der Mann hat seinen Verstand verloren, denke ich, aber binnen weniger Sekunden zieht er das Baby aus und presst es an seine Brust. Idiot, denke ich, glaubt er, er hat Milch in seinen Brustwarzen? Aber er knöpft vorsichtig seine Jacke, seinen Mantel zu, so dass nur der Kopf des Babys herausschaut. Elkana sitzt in dem geschlossenen Auto bei laufendem Motor, drückt das Baby fest an sich, wärmt es mit der Wärme seines Körpers, und Tränen, groß wie Regentropfen, fallen aus seinen Augen. Vor allen Dingen muss man ihn wärmen, sagt er mit fremder Stimme, denn die Verdauungsorgane im Körper eines Säuglings funktionieren nicht, wenn ihm kalt ist. So verhält es sich auch bei Küken, die können kein Futter verdauen, wenn man sie nicht wärmt, weil sie selbst noch keine Wärme erzeugen können. Und wirklich – das Kind hört auf zu weinen, und Elkana nimmt sofort die Flasche mit warmer Milch und füttert es. Ich schaue ihn bewundernd an und fühle, dass ihm diese Situation nicht fremd ist, dass er so etwas bereits erlebt hat, und ich liebe ihn umso mehr.

»Nehmt ihn zu euch«, flüstert Mutter auf Arabisch, »bei euch wird er es besser haben.« Vater stimmt schweigend zu. »Er wird unser Ältester«, sagt Elkana. Meine Mutter küsst seine Hand, und er küsst die Hand meines Vaters, und plötzlich herrscht zwischen uns eine feierliche Stille. Und nachdem das kleine Würmchen seine Flasche geleert hat und friedlich und gesättigt eingeschlummert ist, wickelt Elkana ihn vorsichtig. Ich kleide ihn in ein warmes Flanellgewand und wickle ihn in eine Decke, und wir bringen ihn in das Säuglingshaus des Kibbuz. Dort befinden sich schon drei Babys von anderen Kibbuzmitgliedern. Auf dem Weg wiederholt Elkana: Er wird unser Ältester, und fügt später hinzu, und er soll Noah heißen, denn er wurde aus der Sintflut gerettet. Und Elkana wird Noah sehr lieben – vielleicht mehr als die beiden Töchter, die uns geboren werden.

Zwanzig Jahre später findet Elkana den Tod bei einem Terroranschlag, Noah dient beim Militär bei einer Kampfeinheit als Sanitäter und studiert anschließend Medizin; er wird Kinderarzt, spezialisiert sich auf Säuglinge und wird Vater dreier Kinder: zwei Töchter und ein Sohn, den er Elkana nennt. Und er wird niemals wissen, dass er sechs Wochen lang mein Bruder war; und meine Eltern werden seine einzigen Großeltern sein, und er liebt sie innig.

Gidi

Als uns die tragische Nachricht von Elkanas Tod erreichte
– er war, zusammen mit allen übrigen Passagieren der Swiss-
Air-Maschine über Winterthur in der Schweiz umgekommen
(eine von arabischen Terroristen platzierte Bombe war wenige Minuten nach dem Start vom Flughafen Kloten explo-
diert) –, kamen alle Angehörigen von Giv'at Hacherut, um
mit Amalia, Noah und den Mädchen *Schiva* zu sitzen, einer
nach dem anderen kamen sie während der sieben Trauertage.
Denn in einem Kibbuz kann ein Mensch zwar einsam sein,
aber er ist niemals allein. Ich habe sie nicht einen Augenblick
verlassen, ich war ihr Schatten. Damals erzählte ich Amalia,
dass Elkana ben Shomron niemand anders als Berele Ziss-
kind aus dem Dorf Redring bei Częstochowa war, der, in
einem Heuschober versteckt, vor Schreck gelähmt, mit eigenen Augen sah, wie seine gesamte Familie erschossen wurde:
Vater, Mutter, die greise Großmutter, sein kleiner Bruder,
dessen Name Noah war. Noah, der nicht aus der Sintflut gerettet wurde. Amalia sagte, dass sie das seit langem wusste,
seit dem Sechstagekrieg, als Elkana eingezogen wurde und
sie auf seinem Tisch zwischen den Büchern einen braunen
Umschlag fand, auf dem stand: »Zu öffnen, falls ich nicht
zurückkehre.« Aber sie öffnete ihn bereits damals und las,
was ihm während des Zweiten Weltkrieges geschehen war.
Anschließend schloss und verklebte sie den Umschlag, und
sie erzählte ihm nichts, als er zurückkehrte, denn sie verstand, dass er Elkana ben Shomron sein wollte. Sie respek-
tierte seinen Wunsch.

Viele Menschen drängten sich auf unserem kleinen Friedhof, viele Menschen aus den Kibbuzim und aus der Stadt, denn Elkana war seinerzeit der Schatzmeister der Kibbuzbewegung. Es war jedoch nichts übrig von ihm, was man ins Grab legen konnte. Daher begruben wir seine alte, geliebte Mütze und legten einen schwarzen Basaltstein auf sein Grab, als Grabstein, der auf das Meer gerichtet war, das Elkana so sehr geliebt hatte. Und dort trafen wir uns jeden Freitag nach der Arbeit, Amalia und ich. Wir gossen die Pflanzen und gedachten seiner. Im Sommer duftete es salzig nach Meer und süß nach Honig, im Frühling nach Orangenblüten, Veilchen und Vergissmeinnicht.

Und einmal erzählte mir Amalia eine Geschichte, die sie in dem braunen Heft gelesen hatte: wie Berele (Elkana) im Ghetto umherging, hungrig und barfuß im Schnee, seine Füße in Zeitungspapier gewickelt, sein Körper übersät mit Wunden infolge der Unterernährung (nachdem er seine Familie verloren hatte, kroch er eines Nachts durch den Stacheldraht in das kleine Ghetto von Częstochowa, denn er hoffte seinen Onkel, den Bruder seiner Mutter, zu finden, aber der war schon im Nichts). Und genau da stieß er auf den herausgeputzten Kommandanten Degenhart, der, als er den kleinen, dürren Jungen sah, zu seinem Gefolge brüllte: »Was macht das verfluchte jüdische Kind noch hier?« Denn es gab keine Kinder mehr im Ghetto. Sie waren alle nach Treblinka geschickt worden. Und wie alles in ihm erstarrte und er sich wie ein Sterbender fühlte und wie der jüdische Polizist, ein Bekannter seines Onkels, ihn am Ohr ergriff und mit seinem Gummiknüppel zu der Gruppe trieb, die auf den Transport wartete, und wütend durch die Zähne zischte: »Kleiner Idiot, was läufst du in den Straßen herum?«, wie Berele sich geschmeidig wie eine Katze aus seinem Griff wand und sich in einem Keller in einer umgestülpten Kiste versteckte und später Schuhe stahl, die ihm zwei Nummern zu groß waren, um mit einer Arbeitsgruppe das Ghetto zu verlassen. Und seit jener Begegnung mit dem Todesengel auf der mit reinem weißen Schnee bedeckten Straße fürchtete er sich nicht länger vor dem Tod. Immer wusste er, was er zu tun hatte, um weiterzuleben. Und ich dachte, erst in dem feudalen Schweizer Flugzeug war er wieder völlig hilflos und starb – wie seine Brüder – in den Flammen und blieb für immer bei ihnen in den Wolken Europas.

An einem Schabbat fasste ich Mut und ging in Amalias Zimmer, um ihr vorzuschlagen, mit mir in ein Familienzimmer zu ziehen, schließlich ist sie allein und ich bin allein, nachdem Sharona, meine amerikanische Frau, mich verlassen und unsere beiden Töchter mit sich genommen hat, denn sie hatte das *Disneyland in the Promised Land* satt und kehrte endgültig zurück zu den *Malls* und ihrer so sehr geliebten Zahncreme *Crest*. Ich sagte Amalia auch, dass ich mich von Anfang an zu ihr hingezogen gefühlt hatte, aber nicht mit Elkana wettstreiten wollte, und dass unsere gemeinsame Liebe zu ihm uns verbände; ich versprach, ihren Kindern ein guter Vater zu sein, und dass ich alles tun würde, um sie glücklich zu machen. Sie willigte ein. Seitdem sind wir zusammen. Wir werden zusammen alt und stützen einander. Nur Elkana bleibt ewig jung – wie jene, die im Feuer starben.

Drei Begegnungen

Ich war damals dreiundzwanzig Jahre alt und arbeitete in einem kleinen Reisebüro. Zum ersten Mal in meinem Leben hatte ich eine gute Arbeit. Der Inhaber, ein libanesischer Jude, bat, dass ich mich um die Repräsentantin einer großen deutschen Reiseagentur kümmere, das heißt, ich sollte für sie anlässlich ihres ersten Besuchs in Israel eine umfassende Tour von den Golanhöhen bis nach Eilat organisieren. In meiner Fantasie konnte ich bereits wöchentliche Charterflüge sehen, die Gruppen deutscher Touristen ins Land brachten.

»Glaub mir, Chaim«, sagte mein Chef, »das Büro schreit nach einer solchen Sauerstoffzufuhr!« Abwesend fragte ich ihn, wie alt diese Dame sei. »Mir scheint, sie ist etwas zu alt für dich, aber wenn sie scharf auf dich ist, habe ich nichts dagegen, wenn du ihr den Hof machst, so viel du willst! Hauptsache, sie schickt uns Touristen«, sagte mein Chef mit etwas verächtlichem Blick. Ich wurde rot, denn das hatte ich überhaupt nicht gemeint. Ich wusste nur, dass Deutsche, die vor 1928 geboren waren, bei unserer Botschaft in Bonn ein Visum für Israel beantragen müssen und es erst nach einer genauen Überprüfung ihrer Vergangenheit bekommen oder eben auch nicht. So war es seinerzeit.

Ich selbst war in einem Haushalt aufgewachsen, wo Spielzeug, Bleistifte, Zahnbürsten, ja sogar Schokolade und viele andere Dinge in den Müll geworfen wurden, kurz: alles, was die Aufschrift »Made in Germany« trug. Bei uns kaufte man keine Autos, Fahrräder oder Motorroller, die in Deutschland hergestellt waren. Meine Eltern akzeptierten keine Wiedergutmachung von Deutschland und betraten niemals deutschen Boden. Daher beschloss ich, vorläufig zuhause nichts von meiner neuen Aufgabe zu erzählen.

Ich erinnerte mich noch sehr gut, was zuhause los war, als es während meiner Schulzeit einen Schüleraustausch mit irgendeinem deutschen Gymnasium gab und unsere Klassenlehrerin Ilana mich bat, einen der Jungen zu uns einzuladen, weil meine Eltern Deutsch sprachen. Beim Abendessen fragte ich vorsichtig. Mutter warf mir einen befremdeten Blick zu und wandte sich dann ruhig an Vater: »Was hältst du davon?« »Ein Deutscher in unserem Haus?«, begann Vater zu brüllen, erstickte schier an dem Brot in seinem Mund: »Du triffst dich mit Deutschen?« Er wurde rot wie Rote Beete, die Adern an seinem Hals traten hervor. Meine Schwester Sarit brach sofort in Tränen aus. Sie hat eben dicht am Wasser gebaut, diese Heulsuse.

»Es ist nur ein Kind, ein Bub in seinem Alter«, versuchte es Mutter ruhig, »ein Schüleraustausch, seine Klassenlehrerin Ilana bat ...« Vater sprang von seinem Stuhl auf, warf seine Serviette auf den Boden, warf die Tür ins Schloss und verließ das Haus. Frühmorgens kehrte er heim, betrunken wie ein Kutscher; er, der niemals trank, nicht einmal ein Bier.

Später lag ich hellwach im Bett und lauschte. Wenn sie wollten, dass wir nichts verstanden, sprachen sie miteinander Deutsch oder Jiddisch, daher kann ich diese beiden Sprachen. Mutter sagte: »Man kann Kinder unmöglich zum Hass erziehen.« Und er schrie durch zurückgehaltene Tränen: »Und was ist mit meinen Hajele und meinem Surale? Heißt das, dass niemand sie ermordet hat? Heißt das, dass sie niemals existierten? Nicht lachten und sich nicht fürchteten? Also so ist das jetzt, alles wie normal, als sei nichts geschehen, ja? Also dafür zog mich der russische Offizier aus dem Haufen Leichen, damit mein Sohn Deutsche umarmen kann? Nein, nein! Da sei Gott vor! Diese Kinder darf man nicht vergessen. Man muss ihrer stets gedenken!« »Aber du darfst die Lebenden keinen Hass lehren«, sagte meine Mutter, die sich einer plastischen Operation unterzogen hatte, um die blaue Nummer von ihrem Arm zu entfernen.

Damals erfuhr ich zum ersten Mal, dass ich zwei tote Schwestern hatte, außer dieser Heulsuse Sarit. Ich kapitulierte sofort und sagte Ilana, dass wir keinen Gast aufnehmen könnten, denn es sei gerade die Familie aus dem Kibbuz zu Besuch. Aber das war eine doppelte Lüge (obwohl Mutter mich stets lehrte, es sei verboten zu lügen), denn wir hatten keine Familie, keine Onkel und keine Tanten, keine Großväter und keine Großmütter, keine Vettern und keine Kusinen. Wir hatten nur Bekannte, Freunde aus dem Konzentrationslager, aus dem Flüchtlingslager nach dem Krieg, Gefährten auf dem Weg der Qualen und ihre Nachkommen. Eine Art Ersatz für eine echte Familie. Sie wurden zu Geburtstagen eingeladen, mit ihnen feierten wir Feste mit üppigen Mahlzeiten, und wir machten gemeinsame Ausflüge. Die Erwachsenen sprachen über Politik oder spielten Karten. Die Kinder spielten Ball, Versteck, badeten im Meer und bauten Sandburgen. Deshalb beschloss ich, ihnen vorerst nichts zu erzählen.

Am folgenden Tag fuhr ich zum Flughafen und stand dort mit einem Schild: MRS. ANGELIKA DÜNTZ JET-REISEN. Ich erkannte sie sofort, als sie an der Passkontrolle stand: Groß, dünn, hellblond, konservativ in Pastellfarben gekleidet und sorgfältig gepflegt. Ungefähr im Alter meiner Mutter, vielleicht sogar zwei, drei Jahre älter. Ich fuhr sie ins

Hilton, erklärte ihr unsere Reiseroute und vereinbarte, sie am nächsten Tag nach dem Frühstück abzuholen.

Ich tat die ganze Nacht kein Auge zu, war nicht einmal fähig zu lesen. Starrte stupide auf den flimmernden Fernsehschirm, wusch mir ungefähr zehnmal die Hände, besonders die Hand, die ich ihr gereicht hatte. Und trotzdem hatte ich das Gefühl, sie sei beschmutzt, als hätte ich irgendeinen ekligen Wurm berührt. Zum ersten Mal in meinem Leben hatte ich eine deutsche Hand berührt und konnte damit nicht fertig werden.

Am nächsten Tag machten wir uns auf den Weg. Sie war sehr zurückhaltend und geschäftsmäßig. Sie stellte nur professionelle Fragen, wie viele Zimmer dieses oder jenes Hotel hatte, wie hoch die Temperaturen im Sommer, Winter oder Herbst seien, während ich mit geografischen, historischen und militärischen Erklärungen um mich warf und reichlich biblische Zitate einstreute. Mit den Hoteliers sprach sie fließend Englisch, wenn auch mit schwerem deutschen Akzent. Vor jedem Treffen befragte sie mich über deren Alter und ihre Herkunft. Und als ein alter Hotelier in Tiberias sie mit seinem fließenden Deutsch überraschte, war sie zunächst verblüfft, fing sich aber schnell wieder. Den Tag über trank sie nur Mineralwasser und aß fast nichts. Zum Abendessen dagegen pflegte sie sorgfältig gesunde Speisen und feine Weißweine auszuwählen. Ordnung muss sein, dachte ich bitter. Sie trank viel und mit Genuss und begann sich langsam zu entspannen. Am dritten Abend fragte sie wie nebenbei, woher mein gutes Deutsch sei. »Von zuhause«, sagte ich und fügte sofort hinzu, dass ich Unterricht im Goethe-institut genommen hatte, um die Grammatik zu verbessern. »Ihre Eltern wurden in Deutschland geboren«, stellte sie mit gleichgültiger Miene fest. »Nein, nein! Meine Mutter ist aus

Polen und mein Vater aus Czernowitz in der Bukowina, dort sprach man Deutsch. Darüber hinaus waren beide während des Krieges in Konzentrationslagern und hatten Gelegenheit, ihr Deutsch aufzupolieren.« Im ersten Augenblick war sie in Panik und sagte dann ruhig: »Es waren schreckliche Zeiten für alle.«

»Mein Vater hatte zwei kleine Töchter und eine Frau, die die Deutschen in Transnistrien ermordeten«, sagte ich, ohne irgendeine Absicht, entspannt nach zwei Gläsern Wein. Sie brauchte zwei Flaschen, um diesen Zustand zu erreichen. Ob sie sich nicht gefürchtet habe, nach Israel zu kommen, fragte ich. »Ja«, sagte sie, »sicher habe ich mich gefürchtet, aber mit Ihnen fühle ich mich sehr sicher.«

Manchmal hatte ich das Gefühl, als wollte sie mich anmachen. (Sie hatte einen Sohn, der einige Jahre älter war als ich.) Josef und Potiphars Weib, ging mir durch den Sinn. Mit einem lustvollen Schauer dachte ich an Tali, mein goldbraunes Mädchen, das mich abends in einem weißen, durchsichtigen indischen Gewand erwartete, unter dem sie nur ihre Jugend trug.

Angelika Düntz verliebte sich wirklich in Eilat, wie jener polnische Autor, den meine Mutter so liebt: Marek Hłasko. Abends färbt sich der Wein in ihrem Glas golden, sie betrachtet die tanzenden Lichter Akabas und verspricht feierlich: »Ich werde ihnen helfen, aus Eilat eine Touristenstätte von internationalem Niveau zu machen.« Und sie hielt ihr Versprechen.

Eine Woche später kehrte sie nach Frankfurt zurück. Innerhalb von vierzehn Tagen unterschrieb ihre Agentur einen Vertrag mit unserem Büro. Ich wurde befördert. Dank ihrer. Dank der ersten Deutschen, der ich die Hand gereicht hatte.

Während der folgenden fünfzehn Jahre pflegte sie zweimal jährlich nach Israel zu kommen, um mit Hotels Verträge abzuschließen. Ich arbeitete nicht mehr in der Tourismusbranche. Ich beendete mein Studium an der Universität, war einige Jahre in Amerika, wo ich der Faszination der Computer und des Internet erlag, denen ich auch nach meiner Rückkehr treu blieb. Bei fast jedem ihrer Besuche pflegte sie mich anzurufen und meistens trafen wir uns, um zusammen am Meer Fisch zu essen und viel Weißwein zu trinken. Meine Empfindungen für sie waren gemischt: Sympathie und Aversion gleichzeitig. Einmal fragte ich sie, weshalb ihr Mann sie niemals hierher begleite. »Mein Mann ist sehr beschäftigt und auch nicht sehr gesund«, wich sie leichthin und elegant aus. Aber ich wusste es bereits. Während des Krieges hatte er in den besetzten Ländern als Direktor der Eisenbahn gearbeitet; heute weiß jedes Kind, was das bedeutet. Nur er, der Arme, wusste nichts. Selbstverständlich war er nicht berechtigt, ein Visum für Israel zu bekommen.

Einmal erzählte sie mir, dass dies ihre zweite Ehe sei. Ihr erster Mann, von dem sie geschieden sei, war in Südamerika geblieben, wohin sie direkt nach Kriegsende gefahren waren. Welchen Weg sie genommen hätten, fragte ich. Über Italien natürlich, wir sind in Genua an Bord gegangen.

Bei anderer Gelegenheit gestand sie mir nach zwei Flaschen Wein und zu Beginn der dritten, dass sie während des Krieges einmal die Gelegenheit hatte, Polen zu besuchen, ja sogar ein Ghetto gesehen hatte, Tarnów oder Częstochowa, sie konnte sich nicht mehr genau erinnern. »Wie?«, fragte ich erstaunt. Ganz einfach, Freunde ihres Bruders hatten sie und ihre Freundin zu einer Tour durch Polen eingeladen, und das Programm schloss auch einen Besuch in einem Waisenhaus in irgendeinem Ghetto ein. Das erzählte ich meiner Mutter, Vater lebte da schon nicht mehr. Er war ganz plötzlich an einer Gehirnblutung gestorben. Er hatte sich schließlich von allem befreit und fand seine verdiente Ruhe. Mutter erklärte sich bereit, sie zu treffen, und wir verabredeten uns in einem luxuriösen Hotel am Toten Meer.

»Ich freue mich sehr, Sie kennenzulernen«, sagte Angelika Düntz höflich, die vor dem Hintergrund der weichen, regungslosen Fläche des Toten Meers, bequem zurückgelehnt, die Beine übereinandergeschlagen, in einem Korbsessel saß. »Es ist nicht unsere erste Begegnung«, sagte meine Mutter ruhig, bleich wie eine weiße Taube. »Ich erinnere mich gut an eine Gruppe von SS-Leuten und unter ihnen zwei junge Mädchen in den Uniformen der Hitlerjugend, die 1942 unser Waisenhaus im großen Ghetto in Częstochowa besuchen kamen. Ich stand dort in meinen Lumpen mit rasiertem Kopf. Ich stand so dicht bei ihnen, dass ich den Abscheu in ihren Augen wahrnehmen konnte, als sähen sie einen Haufen widerlicher Würmer. Diesen Blick habe ich in meiner Erinnerung bewahrt. Ich weiß selbst nicht, weshalb. Vielleicht, weil ich damals zum ersten Mal begriff, wie eure Augen uns sehen. Das zweite Mal begegnete ich Ihnen 1946 im Hafen von Genua. Naziorganisationen und zuweilen auch der Vatikan halfen euch, Europa zu verlassen. Uns halfen jüdische Organisationen in Amerika und die zionistische Organisation HaBricha die vergiftete Erde Europas für immer zu verlassen. Unsere Schiffe stachen von demselben Hafen in See wie eure.«

Angelika Düntz, die während der ganzen Zeit mit gesenktem Kopf dagesessen hatte, sagte: »Ich danke Ihnen, dass sie bereit waren, mich ein drittes Mal zu sehen.«

Tief bewegt neigte ich meinen Kopf und küsste die Narbe am Arm meiner Mutter, die Narbe, die niemals heilte. Sie streichelte sanft mein ergrauendes Haar und sagte: »Ja. Diese dritte Begegnung findet am niedrigsten Punkt der Erde statt. Über dem Toten Meer.«

Vipassana

Alles in mir erstarrte, als mein siebenjähriger Sohn Elik, mein Jüngster, auf sie zu lief und laut rief: »Großmutter, Großmutter, nicht wahr, du kommst am Schoa-Tag in meine Klasse und erzählst den Kindern, wie es dort war, denn Mutter sagt, dass du nicht kommen wirst!«

Ich war überzeugt, sie würde auf der Stelle ohnmächtig werden oder mir Vorhaltungen machen, ob ich denn nicht wüsste, wie ich das Kind zu erziehen hätte, damit es keinen Unsinn redet. Aber unvorhergesehenerweise brach sie in ihr glockengleiches Gelächter aus, das Fremden vorbehalten blieb, packte den Kleinen, hob ihn hoch, küsste seine beiden Pfirsichwangen und sagte: »Natürlich werde ich kommen. Für dich käme ich sogar in die Hölle.« Und während er mir einen triumphierenden Blick zuwarf, sagte er sachlich: »Du brauchst nicht zur Hölle kommen, nur in meine Klasse, Sonntagmorgen um halb elf.«

Und sie ging wirklich hin und begeisterte alle, so dass sowohl die Direktorin wie auch die Klassenlehrerin mich anriefen, um mir zu danken und ihren Umgang mit den Kindern zu loben. Und das, obwohl sie noch niemals bereit gewesen war, am Holocaustgedenktag in irgendeine Schulklasse zu gehen. Weder für mich noch für meinen Bruder und auch nicht für ihre sieben erwachsenen Enkelkinder. Aber für Elik ging sie. Sie erklärte uns, sie sei keine professionelle »Holocaustnik« (von denen es genug im Land gab). Ich erinnere mich, dass sie zu sagen pflegte, schließlich bist weder du noch sie in der Lage zu begreifen, was sich dort abgespielt hat. Und ich dagegen – ist es nicht genug, dass ich das durchgemacht habe? Muss ich es auch noch fremden Kindern erzählen? Habe ich das verdient? Aber für Elik ging sie ... Vielleicht ging ihr schon damals die verrückte Vipassana-Idee durch den Kopf?

Es war fast zwei Jahre nach Vaters Tod, den ein Auto zu Fall brachte, als er eines Abends auf dem Berg Carmel, unweit ihres Hauses, die Straße überquerte. Er hörte bereits schwer und hatte das Hupen des Fahrers überhört. Er fiel auf die Straße, schlug mit dem Kopf auf und war sofort tot, obwohl der Notarzt innerhalb von fünf Minuten eintraf. Sie versuchten mit allen Mitteln ihn wiederzubeleben, bevor sie ihn ins Krankenhaus brachten. Schließlich haben wir viel Erfahrung mit Verkehrsunfällen und Terroranschlägen. Sie waren alle dort, nur er war nicht mehr da.

Später, während der Schiva, standen wir jeden Nachmittag am Fenster ihrer bescheidenen Wohnung, starrten auf den blauen Golf, der majestätisch unter uns ausgebreitet lag, und erinnerten uns, dass Vater stets sagte, dass er lieber auf einige Jahre seines Lebens verzichten wolle, als lange Zeit in einem dieser prachtvollen, schrecklichen Altersheime mit dem schockierenden Namen »Golden Age« versorgt zu werden, in denen die Menschen als greise Babys fast hundert werden.

Rubik, mein großer Bruder, erinnerte sich, dass Vater sagte, er fürchte sich nicht zu sterben, denn er lebe ohnehin auf geborgte Zeit, mit einem zur Bewährung ausgesetzten Todesurteil, weil er 1942 mit achtzehn Jahren im Gas erstickt werden sollte und nur durch einen Zufall – dank seines fließenden Polnisch – zur Anders-Armee gelangte. 1943 kam er mit ihnen nach Palästina und sprang von einem rasenden

Lastwagen, um seinen Anker für immer hier auszuwerfen. So wurde er fünfundsiebzig und sah acht Enkelkinder. Und ich dachte, sie sollen bloß nicht zu viel heilige Erde auf meinen charmanten Vater werfen, der sein Leben lang den Frauen nachstellte, denn er war ein hervorragender Tänzer, verliebt in den Jazz und in meine bescheidene Mutter.

Mutter traf sein Tod sehr schwer. Ein volles Jahr litt sie unter Depressionen. Oh wie bitter ist das, wie bitter, oh wie bitter, seufzte sie und wiegte sich hin und her wie die Männer in der Synagoge. Seit seinem Tod trug sie nur noch Weiß, denn – so behauptete sie – das war die Trauerfarbe der Inder, aber ich hatte den Verdacht, sie trug es, weil Weiß besser zu ihrem dunklen Teint und dem weißen Haar passte. Denn was hatte sie plötzlich mit Indien zu tun?

Meine Mutter wurde in Auschwitz geboren. Alle ihre guten und alle ihre schlechten Erinnerungen waren mit Auschwitz verknüpft. Denn meine Mutter wurde zweimal in Auschwitz geboren: zum ersten Mal 1927 in der Stadt und zum zweiten Mal 1945 im Lager. So pflegte sie stets zu sagen.

Drei Jahre nach Vaters Tod war sie bereits Pensionärin. Sie hatte ihr ganzes Leben als Hebamme im Krankenhaus in Haifa, unterhalb des Bergs Carmel, gearbeitet. Sie arbeitete wie ein Pferd, meistens nachts, für einen Hungerlohn. Ich erinnere mich, dass Vater wiederholt bat, sie solle diese miese Arbeit aufgeben, aber sie sagte stets, das kann ich nicht, denn wer wie ich Haufen toter jüdischer Kinder gesehen hat, freut sich über jedes jüdische Baby.

Ungefähr drei Jahre nach Vaters Tod schrieb sie sich für irgendeinen Kurs über Zen-Meditation ein. Vipassana ist eine einfache Technik zur Betrachtung von Körper und Bewusstsein. Sie hilft bei der Auseinandersetzung mit Schicksalsschlägen, weckt Ruhe, Weisheit und Mitgefühl, erklärte sie mir mit endloser Geduld. Und als sie von dem Workshop zurückkehrte, teilte sie mir ernst mit, sie würde jetzt gern in ein Trappistenkloster eintreten, aber sie wolle nicht zum Christentum konvertieren.

»Sag mir, bist du jetzt völlig übergeschnappt, was ist los mit dir?«, schrie ich, von Panik ergriffen. Und sie, ernst und ruhig: »Ich habe bereits alle Wörter gebraucht, die mir für dieses Leben bereitgestellt waren. Jetzt möchte ich gern lauschen, zuhören und nicht reden.«

Und sie verstummte tatsächlich. Schwieg. Anfangs war es sehr schwer, und wir warteten, dass es vorüberging. Aber allmählich gewöhnten wir uns an die neue Situation. Ich muss gestehen, dass ich sogar eine bessere Beziehung zu ihr fand, denn endlich reagierte sie nicht mehr auf jedes Wort. Sie, die stets viel geredet hatte, die eine klare Meinung von allem hatte, die laut alle möglichen polnischen, jiddischen und russischen Lieder, ja sogar hebräische Schlager schrecklich falsch zu singen pflegte, verstummte unvermittelt und hörte mir und anderen aufmerksam zu.

Heute weiß ich, dass ich, seit sie schwieg, mich selbst besser zu verstehen begann. Heute bin ich mir bewusst, dass ich nur Veterinärmedizin studierte und mein einer Bruder Medizin, der andere Pharmakologie, um unseren Eltern zu gefallen. Weil wir von Anfang an, unbewusst, die Erwartungen unserer Eltern erfüllten, ihre Träume erfüllten. Wir erhielten die Namen ihrer verbrannten Eltern und Geschwister und bezahlten einen hohen Preis dafür, nichts war umsonst. Wir fühlten, dass wir Kinder unsere Eltern durch unsere Existenz für die Verbrechen, die sie und ihre Lieben erlitten hatten, für ihre verlorene Kindheit und Jugend entschädigen mussten. Deswegen absolvierten wir unsere Studien mit Auszeichnung, lehnten uns niemals gegen sie auf, begaben uns nie in

Gefahr, um ihnen keine Sorgen oder gar Kummer zu bereiten. Abgesehen von unserem Militärdienst, der sie mit großem Stolz erfüllte, obwohl er am gefährlichsten war. Es war unsere grundsätzliche Aufgabe, ihnen Freude zu machen und alles zu tun, was man ihnen und ihren Lieben, die dort in den Wolken, im Rauch geblieben waren, vorenthalten hatte.

Als Vater nicht mehr am Leben und Mutter verstummt war, begriff ich, dass jetzt meine Stunde gekommen war und ich tun konnte, was ich mir wirklich wünschte. Vor allem ließ ich mich von meinem Mann scheiden, der mich während unserer fünfundzwanzig Jahre Ehe mit allem, was sich bewegte, betrogen hatte – mit jeder Blonden mit dunkler Vergangenheit, die seinen Weg kreuzte. Anschließend belegte ich einen Esperantokurs, dort lernte ich die Liebe meines Lebens kennen: Micha Ben-Amotz, und fand endlich mein Glück.

Chana

Jeder, der zum ersten Mal unseren Kibbuz besucht, langsam
den von hohen Dattelpalmen, zwischen denen die farben-
frohe Bougainvillea blüht, bestandenen Sandweg hinauf-
geht, jeder, der sich auf dem weiten Rasenplatz unter die alte
Maulbeerfeige oder in den Schatten des überschwänglich
purpurn blühenden Jacarandabaums in einen der gelben
Stühle setzt, jeder, der auf die kleinen weißen, rotgedeckten
Häuser blickt, jeder, der den Duft nach Minze, Zitronenver-
bene und Honig tief einatmet, fühlt sich, als sei er ins Paradies gekommen, und denkt, welch eine Ruhe, dies ist genau
der Ort, an dem man glücklich sein kann.

Aber wie gewöhnlich ist das nur der Augenschein, denn
in unserem Kibbuz wohnt in jedem dritten Haus eine grie-
chische Tragödie und in jedem zweiten eine jüdische.

Zum Beispiel Chana, meine Mutter. Sie hatte einen Sohn,
der am ersten Tag des Yom-Kippur-Krieges fiel. Er ging mit
seiner gesamten Panzertruppe an der syrischen Front in
Flammen auf. Aber Mutter akzeptierte die Tatsache, dass
mein ältester Bruder, Shmuel, nicht mehr am Leben ist, nie.
Es gibt keinerlei Beweise, beharrte sie und kam nicht mit
uns zum Militärbegräbnis, saß nicht mit uns Schiva und besuchte auch nicht alljährlich sein Grab.

Meine Mutter schickte ihren Sohn Shmuel im Herbst
dreiundsiebzig, ungefähr eine Woche vor Ausbruch des Yom-
Kippur-Krieges nach Brasilien. Dort beendete er sein Me-
dizinstudium mit Auszeichnung und wurde ein bekannter

Chirurg in Rio de Janeiro. So bekannt und erfolgreich, dass er während der letzten zweiundzwanzig Jahre nicht die Zeit fand, uns zu besuchen. Aber all die Jahre erhielt Chana pünktlich jeden Monat lange Briefe, mit grüner Tinte geschrieben und mit farbenprächtigen Briefmarken frankiert. Damals pflegte sie meinen Kindern Shamgar, Hamutal und Navott schöne brasilianische Briefmarken zu bringen und lang und breit von Shmuels Erfolgen, der Karriere seiner großartigen Frau und von seinen prächtigen Kindern und Enkeln zu erzählen.

Anfangs dachten unsere Kameraden im Kibbuz, dass Chana, meine Mutter, den Verstand verloren hätte, und hatten Geduld mit ihr, weil sie ihres Sohnes beraubt war. Aber schnell stellte sich heraus, dass Chana überhaupt keiner Geduld bedurfte, dass sie ihren Pflichten im Kibbuz gewissenhaft nachkam und die Gemeinschaftswäscherei sehr gut führte, die seinerzeit auch die Wäsche der Armee wusch – damals der Hauptbeschäftigungszweig. Im Lauf der Zeit gewöhnten sich alle daran, und man konnte sogar sagen, dass man sie gewissermaßen vergaß.

Mein Vater dagegen, Joav Zipprini, der älteste Sohn des alten Kibbuz, ein tapferer Offizier und Fallschirmjäger, ertrug diesen Verlust nicht, sondern nahm sich, ein Jahrzehnt nachdem Shmuel gefallen war, mit einem präzisen Schuss auf dessen Grab das Leben. Ich und meine Kinder genügten ihm anscheinend nicht zum Weiterleben.

Mit seinem Tod zerbrach Chana. Sie löste sich quasi auf und kam ihren Pflichten nicht mehr nach. Ging nicht mehr in den Gemeinschaftsspeisesaal. Brachte ihre Wäsche nicht mehr in die Wäscherei. Beantwortete keine Telefongespräche mehr und ließ nur noch mich in ihre kleine, verwahrloste Wohnung. Immer schon klein und mager, schrumpfte sie plötzlich zusammen und wurde alt. Sie wurde fragil und dünn wie der Schatten eines trockenen Strauchs. Sie welkte einfach dahin.

Ich sah, wie der Lebenswille sie verließ, und wusste nicht, was ich tun sollte. Bis ich ihr eines Tages vorschlug, mich auf den Friedhof zu begleiten. Unser Friedhof, der inzwischen recht gewachsen ist, steht keinem der gepflegten Parks im Land nach. Ein natürlich gewachsener niedriger Wald am Fuß des Berges Carmel, eine Fülle von Feldblumen und von sorgender Hand gepflanzte Blumen der verschiedenen Jahreszeiten sorgen für Farbenfreude und Schönheit. Außer den Grabsteinen erinnert nichts an einen Friedhof.

Wir setzten uns auf die Steinbank, die Frumke und Meir nach dem tragischen Tod ihrer Tochter Hagar aufgestellt hatten. Ich umarmte meine Mutter, wie ich meine Kinder umarme, denn jetzt bin ich ihre Mutter, und sagte: »Wein etwas, vielleicht erleichtert dich das. Du darfst das. Du hast Sohn und Mann verloren. Du musst nicht hart und tapfer sein. Jetzt darf man auch bei uns weinen und trauern, es ist nicht mehr, wie es einmal war.«

Und sie – mit trockenen, auf die beiden Gräber gehefteten Augen – erzählte mir zum ersten Mal in meinem Leben, dass in dem Viehwaggon auf dem Weg von Częstochowa nach Treblinka mein ältester Bruder den Hungertod gestorben sei, eineinhalb Jahre alt, der kleine Shmulek.

»Und wer schickte dir jeden Monat die Briefe mit grüner Tinte aus Brasilien?«, fragte ich mutig. »Gittel, meine Freundin aus den Lagern«, sagte sie leise. »Denkst du, dass ich wirklich geglaubt habe, dass Shmuel nicht an der Front gefallen sei? Glaubst du, ich sei eine Idiotin? Sag mir, meine Süße, wie viele Shmuel kann eine Chana im Leben verlieren?«

Optionen

Sie rief mich mitten in der Nacht an, sehr aufgeregt. Ich hatte sie nie persönlich getroffen. Ich kannte sie nur von den Telefongesprächen. Sie pflegte mich von Zeit zu Zeit anzurufen, um mir ein Kompliment über irgendeine Erzählung oder ein Gedicht von mir zu machen, das sie in der Zeitung gelesen hatte. Zwar freut sich der Mensch über solche Anrufe, aber zugleich machen sie einen auch verlegen. Daher dankt man tausendmal, redet belangloses Zeug und fühlt sich einen Moment wie irgendeine Berühmtheit, ein großes Talent. Doch dieses Mal klang sie anders. Ihre Stimme war heiser und voller Zorn und Bitterkeit: »Und wer, glauben Sie, schreibt über die, die bis zum heutigen Tag teuer für all die Jahre bezahlen?«

»Vielleicht sollten Sie selbst schreiben?«, schlug ich vorsichtig vor, und irgendetwas explodierte in ihr, durch das Telefon kam ein glühender Lavastrom von Worten. Ich hörte ihr schweigend zu. »Nimm mich zum Beispiel«, sagte sie, »meine Eltern wurden direkt vom Arbeitsplatz abtransportiert, ich blieb bei meiner unverheirateten Tante. Die arrangierte mit irgendeiner polnischen Christin, sie solle mich abholen und zu ihrer Familie auf dem Land bringen; dann ging sie zur Arbeit und kehrte nicht mehr zurück. Aber diese Polin, die schon dafür bezahlt worden war, kam einfach nicht, um mich abzuholen …« An dieser Stelle beendete ich das Gespräch höflich und begann zu schreiben.

Was tut ein zehnjähriges Mädchen im Jahr 1942 im

Ghetto, als die Jagd auf die Juden für den Transport ihren Höhepunkt erreicht hat, allein an einem gottverlassenen Ort, in einer Wohnung, in einem Keller, auf dem Dachboden oder im Erdgeschoss?

Erste Möglichkeit. Sie hofft auf Rettung und versteckt sich unter dem Tisch, bedeckt von einer langen Tischdecke. Sie versteckt sich in einem Schrank, unterm Bett oder in einem Verschlag überm Klo. Und dort findet sie, mit einem Seufzer der Befriedigung und Erleichterung, ein deutscher Soldat, der in der Judenwohnung nach Sachen stöbert. Mit einem kurzen Revolverschuss fügt er sie den anderthalb Millionen anderen jüdischen Kindern hinzu.

Zweite Möglichkeit. Sie geht auf den Marktplatz, wo gerade eine Aktion stattfindet, und fährt mit dem ganzen Rest nach Treblinka, Maidanek, Dachau oder Auschwitz in die Gaskammern – in den Tod.

Dritte Möglichkeit. Sie isst den ganzen Vorrat an Nahrungsmitteln, der sich zuhause befindet. Endlich ist sie satt. Sie weint. Schläft ein. Wacht am Abend auf. Stille und Dunkelheit. Man hört keinen Verzweiflungsschrei mehr, kein Weinen. Sie springt aus dem Fenster der Parterrewohnung und beginnt ihren Weg, von dem sie nicht mehr zurückkehrt, denn sie wird schnell ihren Verfolgern ausgeliefert, von einem der Informanten, von denen es in den Straßen der Stadt und auf den Bahnhöfen nur so wimmelt.

Vierte Möglichkeit. Plötzlich wird ihr klar, dass sie von jetzt an niemand mehr hat, dem sie vertrauen kann, ausgenommen sich selbst. Leise und vorsichtig schlüpft sie durch die Kellerluke auf die Straße. Die Straße liegt voller Glasscherben, Hausrat, verrosteten und verbogenen Töpfen, zerrissenen Lumpen, zerbrochenen Möbelstücken, mit verkrustetem Blut befleckten Vogelfedern, die einst weiß wie Schnee waren, und Tausenden Fotos, die niemand mehr braucht, die im Staub und Schmutz dahintreiben. Ihr ganzes Leben, bis ins hohe Alter, wird dieses Straßenbild ihrer Seele eingebrannt bleiben, wird in ihren nächtlichen Albträumen ständig wiederkehren.

Da sie sich inzwischen ausgezeichnet in den geheimen Durchgängen zwischen den Häusern und den Straßen ihrer Geburtsstadt auskennt und dank der völligen Dunkelheit (zu ihrem Glück schien der Mond in jener Nacht nicht) gelangt sie an den Punkt, wo das Ghetto an das arische Viertel grenzt. Und in dem Augenblick, als der deutsche Soldat damit beschäftigt ist, sich eine Zigarette anzuzünden, und der polnische Polizist uriniert, kriecht sie behände unter dem Stacheldrahtzaun auf die andere Seite, auf die Seite des Lebens. Klein, aufmerksam auf jedes Geräusch lauschend, das helle Haar von einem grauen Tuch bedeckt, in einen aus einer alten Wolldecke genähten grauen Mantel gehüllt, sucht sie sich vorsichtig im Zwielicht ihren Weg. Ihr Ziel ist es, zu katholischen Freunden ihrer Eltern zu gelangen. Wegen der Ausgangssperre liegt die Straße still, keine lebende Seele ist draußen. Die Stille wird nur von den hallenden Schritten des deutschen Soldaten unterbrochen, die sie auf der Stelle erstarren lassen, und sie presst ihren ausgemergelten Körper gegen eine Hauswand. Ihr Herz klopft stark und sie fürchtet, dass ihr Herzschlag auf der Straße zu hören ist. Durch einen Spalt im verschlossenen Tor zwängt sie sich in den Hof und klopft vorsichtig an die Tür.

»Wer ist dort? Wer?«, fragt eine verschreckte Stimme von drinnen. »Ich bin's, Zelinka Grien! Öffnet mir, bitte«, fleht sie. Man hört das Geräusch einer Kette, die Tür öffnet sich einen Spalt. »Zelinka! Was machst du hier, zu dieser Zeit? Wo ist deine Mutter, der Vater, die Großmutter, Tante, Onkel?«

»Sie haben alle geholt«, flüstert sie. »Bitte, lasst mich hinein.« Hinter der Tür berät man sich gründlich. Frau N. ist dafür, Herr. N. dagegen.

»Komm für einen Augenblick rein, Kind, du weißt ja, dass es verboten ist, es ist sehr gefährlich für uns, sie werden uns alle umbringen.«

Sie steht im Flur. Der Duft nach Kartoffelsuppe und der vergessene Geruch nach zuhause hüllen sie ein. »Du bist sicher hungrig, Zelinka, nimm ein Stück Brot!« Sie drücken ihr ein Stück feuchtes, klebriges Brot in die Hand. »Nun geh schon! Geh, im Namen Jesu Christi, geh! Es könnte dich jemand sehen, und dann erschießen sie uns wie Hunde. Gerade heute haben sie Plakate aufgehängt, dass jeder, der ein jüdisches Kind versteckt, also, du weißt schon ...«

Und wieder befindet sie sich auf der dunklen Straße, erschreckt und verfolgt wie ein kleines wildes Tier. Sie kaut das klebrige Brot und schluckt die salzigen Tränen hinunter. Erstarrt auf der Stelle, als sie die Schritte deutscher Soldaten hört. Sie war bereits bei allen. Bei denen, die von ihren Eltern Geld und Schabbatleuchter zur Aufbewahrung bekommen hatten. Bei denen, die den schwarzen Pelzmantel und den Silberfuchs ihrer Mutter verstecken. Und bei denen, die bereitwillig die Stoffballen aus Großmutter Udels Geschäft aufbewahren und nicht beabsichtigen, sie zurückzugeben. Und niemand, aber auch niemand wollte auch nur einen Augenblick ...

Niemals, auch wenn du hundert Jahre alt wirst, wirst du noch etwas Neues über die Menschen lernen. Schließlich fällt ihr ein, zu Helena zu gehen, dem Dienstmädchen ihrer Nachbarn, die noch rechtzeitig nach Amerika entkamen. Zwar ist Helena nicht so schön wie jene derentwegen der Trojanische Krieg ausbrach. Sie bewohnt auch nicht die ganze geräumige

Wohnung ihrer ehemaligen Arbeitgeber, sondern nur ein kleines, dunkles Zimmer, denn in den übrigen Räumen hatte sich die Familie irgendeines hohen Gestapomannes gemütlich eingenistet. Aber Helena öffnet ihr die Tür, zieht sie eilig in ihr Zimmer und legt das Mädchen, bedeckt mit Eiterbeulen und Läusen, in ihr Bett. Sie bringt ihr eine warme Mahlzeit und trägt heimlich einen zum Überlaufen vollen Nachttopf aus dem Zimmer. Frühmorgens stehlen sich beide aus dem Haus, damit die Nachbarn sie nicht sehen, und Helena bringt sie in das Dorf, wo ihre Schwarzmarktkontakte leben. Das Dorf befindet sich zwei Stationen von Treblinka entfernt, aber davon haben beide keine Ahnung.

Vor dem Mädchen liegen drei Jahre Wanderschaft zwischen Städten, Dörfern und Häusern verschiedener und seltsamer Menschen. Sie dient als Gänsehirtin und wäscht die schmutzige Wäsche Fremder. Sie schleppt auf ihren mageren Schultern ein Tragjoch mit Eimern voll Wasser aus dem örtlichen Brunnen, wäscht Geschirr und füttert Schweine. Sie nimmt jede niedere Arbeit, um ihr Stück Brot zu verdienen, und weint nachts vor Sehnsucht. Sie flüchtet von Ort zu Ort, hungert, stiehlt Kartoffelschalen von den Schweinen, versteckt sich in Hundehütten, Kuhställen, in Schränken, liest aber alles Gedruckte, was ihr in die Hände kommt. Und manchmal singt sie sogar polnische Volkslieder. Als die ersten hormonellen Veränderungen in ihrem Körper beginnen, singt sie mit Jurek, dem Sohn ihrer Arbeitgeberin Frau Tribolska, Lieder der polnischen Untergrundbewegung, als sie kichernd Teile eines verrosteten Revolvers polieren und in einem Kohlensack verstecken.

Aber sie überlebt. Sie bleibt am Leben und lebt, lebt, lebt! Sie lebt und wird sehr lang leben. Sie und ihre Kinder und Enkel. Und wenn sie Glück haben, werden vielleicht auch ihre Söhne und deren Söhne leben. Und ich, die ich gerade das einundzwanzigste Jahrhundert beginne, mache mir Gedanken, welche Option ich an Stelle des Mädchens gewählt hätte, an der Stelle Helenas oder anstelle der Familie N.?

Tikva und Salem

Sie begegneten sich zum ersten Mal am dritten Jahrestag des Mordes am Ministerpräsidenten auf dem Platz Kikar Malchei Yisrael, der jetzt Kikar Rabin heißt. Tikva war natürlich schwarz gekleidet: in eine geschneiderte Hose, ein enges Trikot, das ihr hübsches Dekolleté und ihre volle Brust gut zur Geltung brachte, und eine silberne Brosche – eine Taube –, das Symbol der nach Frieden mit den Nachbarn strebenden Linken. Ihre Haarfarbe war damals ein modisches Kupferrot. Umgeben von Tausenden brennenden Kerzen sang sie ergriffen gemeinsam mit den anderen jungen Leuten herzergreifende Trauerlieder von bekannten israelischen Dichtern. Ihr lief sogar eine Träne über die Wange, als der Sänger das Lied anstimmte: *Wo gibt es noch Menschen wie diesen* ... Und die Menge stimmte begeistert und überschwänglich ein.

Tikva zog eine Zigarette aus ihrer schwarzen Ledertasche und kramte nervös nach dem Feuerzeug, das immer verschwand, wenn man es brauchte, und war überrascht, als ihr jemand freundlich Feuer reichte. Das flackernde Licht eines Streichholzes beleuchtete sein Gesicht, und so sah sie ihn zum ersten Mal. Und so wird sie sich auch immer an diesen Augenblick erinnern: als sie aufblickend den schönen, dunkelhäutigen Mann sah, der sich zu ihr niederbeugte. Er hatte einen schwarzen, fast dunkelblauen Bart. Er trug Jeans und auf seinem schwarzen Hemd mit chinesischem Kragen steckte eine kleine Perlmuttbrosche mit einer weiß glänzenden Taube.

»Ich bin sicher, Sie wissen, wie sehr Rauchen der Gesundheit schadet«, sagte er mit einem Lächeln von der Seite und blies das Streichholz aus.

»Unsinn! Hier, Rabin, der ultimative Raucher, ist der beste Beweis, dass nicht die Zigaretten den Menschen töten«, antwortete sie mit bitterer Ironie und verführerischem Lächeln. Sie suchte auf seinem Kopf die *kippa*, fast sicher, dass er ein frommer Jude war, mit diesem schwarzen Bart. Ihr Herzschlag setzte aus, als er sie mit jenem Blick maß, der keine Frau gleichgültig lässt.

»Ich heiße Shalom und würde Sie gern zu einer Tasse Kaffee einladen«, stellte er sich höflich vor. »Ich heiße Tikva und werde gern ein Glas Bier mit Ihnen trinken«, entgegnete sie.

Und so verließen sie den Platz, gingen in ein Café und später in Tikvas Wohnung. Noch bevor die Tür hinter ihnen ins Schloss fiel, begannen sie sich wild zu küssen. »Deine Brüste sind wie Samt«, flüsterte er. »Deine Küsse machen mich wild«, gab sie das Kompliment in sein glühendes Ohrläppchen zurück und presste sich mit ihrem ganzen Körper an ihn. Sein weicher Bart streichelte ihre Haut und erregte sie. Über eine Stunde gaben sie sich ihrer Lust hin, vergaßen, ineinander versunken, die Welt um sich her.

Dann, noch immer schwer atmend, sagte er leise: »Ich heiße Salem Dagjani, ich bin Araber aus Beit Hanina und habe eben zum ersten Mal in meinem Leben Liebe mit einem israelischen Mädchen gemacht.« Im selben Moment erstarrte und verkrampfte sich alles in ihr, überzeugt, dass er im nächsten Augenblick ein Messer ziehen und sie mit denselben Händen, mit denen er sie verwöhnt hatte, erstechen oder erwürgen würde.

Aber er nahm eine Zigarette vom Nachttisch, steckte sie an und inhalierte tief. Dann begann er von sich zu erzählen.

So fing ihre Geschichte an, die ein Leben hätte dauern sollen und nach zwei Jahren endete.

Sie zogen zusammen ins Zentrum von Tel Aviv. Salem fuhr morgens auf seiner Vespa nach Herzliya zur Arbeit im Krankenhaus, er war Kardiologe und verantwortlich für die Herzpatienten auf der Intensivstation. Tikva eilte in die Redaktion der Abendzeitung, wo sie für den Reiseteil zuständig war.

Damals war eine großartige Zeit. Am Ende des Tunnels schien ein kleines Licht, in dem wir alle einen großen Hoffnungsstrahl auf Frieden und einen neuen und wunderbaren Nahen Osten sahen. Die Linke war euphorisch. Und die Nachbarn wirklich in Mode. Jeder war stolz auf irgendeinen arabischen Freund oder Nachbarn, am besten einen Palästinenser. Angesichts dieser Situation waren Tikva und Salem in jeder Gesellschaft ein sehr beliebtes Paar. Sie besuchten Tikvas Freunde und luden sie zu sich nach Hause ein – soweit die Schichten im Krankenhaus es Salem ermöglichten. Sie besuchten Pubs, Theater und Restaurants, unternahmen wunderbare Touren kreuz und quer durchs Land. Tikva gewöhnte sich schnell an die Musik, die Salem liebte, und entdeckte den Charme von Oum Kulthoum und Farid al Atrash. Salem dagegen besuchte mit ihr Konzerte mit klassischer Musik.

Tikvas Eltern waren kultiviert und nicht besonders religiös und empfingen den neuen Freund ihrer Tochter entgegenkommend und freundlich. Der Vater, ehemals beim Palmach, müde und herzkrank, führte mit Salem gern lange Gespräche über alles, was mit seiner Krankheit zusammenhing. Mutter Rachel sagte, dass Salem viele Israelis aufwiege, vor allem aber Chanan, Tikvas ersten Mann, von dem sie sich unlängst hatte scheiden lassen.

Nur ihr Bruder Gideon, Offizier der Reserve, brachte dem künftigen arabischen Schwager keine Sympathie entgegen. Zum Festmahl *Eid al Fitr*, welches den Fastenmonat Ramadan beendet, lud Salem Tikva in die Villa seiner verwitweten Mutter nach Beit Hanina im Norden Jerusalems ein. Die Familie Dagjani war schon seit vielen Generationen in Jerusalem ansässig; ihnen gehörte das gleichnamige Krankenhaus in Yaffo. Salems Familie empfing Tikva auf arabische Weise freundlich und entgegenkommend. Alle sprachen ihr zuliebe Englisch. Politische Themen wurden sehr vorsichtig angegangen, knüpften doch auch sie große Hoffnung an die Friedensverhandlungen, die gerade in vollem Gange waren. An den Wänden des geräumigen Wohnzimmers hingen in dunklen schweren Holzrahmen die Bilder verstorbener Familienangehöriger. Tikvas Aufmerksamkeit galt besonders dem Porträt eines jungen Mannes, der Salem ähnlich sah wie ein Tropfen Wasser dem anderen. »Das ist mein Vetter«, entgegnete Salem ruhig auf ihren fragenden Blick, »leider lebt er nicht mehr.« Seine Mutter dagegen sagte laut und betont: »Das ist Ashraf Dagjani, unser Märtyrer, der für das Vaterland Palästina gefallen ist.« Tikva lief es kalt über den Rücken, und plötzlich schmeckten die süßen Kuchen bitter wie Wermut, und der aromatische Kaffee wurde sauer auf ihrer Zunge.

Auf dem Nachhauseweg nach Tel Aviv fuhr Tikva das Auto, um Unannehmlichkeiten bei einer Polizeikontrolle aus dem Weg zu gehen. Sie empfand Ohnmacht und eine große Müdigkeit. Salem dagegen war begeistert, sprach von ihrer Liebe und schmiedete große Pläne für ihre gemeinsame Zukunft.

Tikva erzählte ihrer Mutter von dem Besuch und dem Vorfall in Beit Hanina. Rachel Mizrahi versank in Grübeleien und sagte dann: »Ihr müsst weg von hier. Nach Amsterdam oder nach London. Hier wird es euch niemals gelingen, eine normale Familie zu gründen. Hier wird dieser blutige Konflikt eure Liebe zerstören. Glaub mir, mein Kind, ich weiß, wovon ich spreche, ich habe nicht wenig Lebenserfahrung. Ich selbst hatte einmal eine Geschichte mit einem Goi.« Tikva war erstaunt und sagte: »Davon hast du mir nie erzählt.« »Ich werde es dir einmal erzählen«, versprach Rachel.

Am Laubhüttenfest im Oktober 2000 brach die Al-Aqsa-Intifada aus und zog alles in ihren Wirbel hinein – wie ein Tornado. In diesem unglücklichen Teil der Welt änderte sich das ganze Leben, und der Wahnsinn von Blut und Rache beherrschte seine Bevölkerung. Anfangs schien es, als ginge der Wahnsinn schnell vorüber und die Verhandlungen zur Lösung des Konflikts würden wieder aufgenommen. Aber die Lage verschlimmerte sich im Lauf der Zeit und wurde unerträglich. Niemand besuchte mehr Tikva und Salem, und niemand lud sie mehr zu sich ein. Selbst die Nachbarin, die bisher herzlich und freundlich gewesen war, begann sie zu ignorieren. Die täglichen Unruhen trugen ein Übriges dazu bei. Die Nachbarn wurden immer abweisender, bis eines Tages offene Feindschaft ausbrach. »Mein Sohn leistet gerade seinen Militärdienst in den Gebieten«, sagte Drora aus dem zweiten Stock, »und dein palästinensischer Araber spricht stundenlang arabisch am Telefon. Ich bin sicher, er übermittelt seinen Leuten Informationen. Schließlich kennt er durch dich diese Stadt wie seine Westentasche.« »Die Zeit eignet sich nicht für eine Romanze mit einem Araber«, wütete der gutaussehende Amy aus dem dritten Stock, der ihr immer schöne Augen gemacht hat.

Nachts liebten sich Salem und Tikva leidenschaftlich und führten schmerzliche Gespräche. »Komm mit mir nach

Beit Hanina«, flehte Salem, »ich liebe dich.« »Das kann ich nicht«, schluchzte Tikva verzweifelt. »Das kann ich unter keinen Umständen, ich gehöre ganz und gar hierher.« »Und ich dorthin«, flüsterte Salem traurig und entschieden in Tikvas glühendes Ohr und befriedigte ihren Körper wie kein Mann vor ihm und nach ihm.

Als Tikva am nächsten Tag von der Arbeit kam, fand sie die Wohnung leer und im Schlafzimmer einen riesigen Strauß roter Rosen und darin eine Karte: Shalom, Tikva.

Familiäre Umwälzungen

Einer meiner Vorfahren väterlicherseits kam mit den Kreuzfahrern aus Frankreich ins Heilige Land und ließ sich im ersten Kloster des strengen Karmeliterordens am Berg Carmel
nieder. Es ist anzunehmen, dass er das Heilige Land wieder
mit den letzten Kreuzfahrern verließ. Auf seinem Nachhauseweg machte der Mann für kurze Zeit in der polnischen
Stadt Krakau Rast. Sein Pferd und seinen Bediensteten ließ
er an den Toren der Stadt zurück und ging zu Fuß durch die
Stadt, um Nahrung und einen Platz, wo er sein müdes Haupt
betten könnte, zu finden.

Auf diese Weise gelangte er in die Judengasse, die zu jener Zeit St.-Anna-Straße hieß. Der Mann setzte sich in der
Nähe eines Brunnen in den Schatten einer uralten Kastanie,
um sich auszuruhen. Zur Zeit der Abenddämmerung pfleg-
ten jüdische Mädchen und Frauen zum Brunnen zu kommen,
um Wasser zu schöpfen. Mit einem Blick nahm der junge
Mönch ein hübsches junges Mädchen von schöner Gestalt
wahr, mit feurigen schwarzen Augen und einem dicken Zopf
kastanienbrauner Haare. In diesem Augenblick verliebte er
sich auf den ersten Blick in sie, hoffnungslos, mit der ganzen
Kraft seiner Jugend.

In seinem Herzen wuchs ein stilles Gebet: Mein Gott,
mein Gott, ich stehe an den Wassern des Lebens und richte
mein Gebet an dich! Wenn ich mich an das schöne Mädchen wende und sie bitte: Lass mich doch ein wenig Wasser schlürfen aus deinem Krug! – dann lass sie sagen: Trink,

mein Herr! Und sogleich senkt sie ihren Krug und ich trinke. Und lass es die Frau sein, die du mir bestimmt hast.

Ich sage noch einmal, dass er sich hoffnungslos in sie verliebt hatte, denn schnell wurde ihm klar, dass es sich um die jüngste Tochter des örtlichen Rabbis handelte und dass es ihr verboten war, einen Goi auch nur anzusehen. Und dabei war er ein gutaussehender junger Mann und zudem in eine Mönchskutte gekleidet. Und so pflegte die Tochter des Rabbis allabendlich zum Brunnen zu kommen, um Wasser zu schöpfen und den Mönch verstohlen zu mustern, der sie treu im Schatten des Kastanienbaums erwartete und seine Augen nicht von der schönen und geheimnisvollen Jüdin, die sein christliches Blut in Wallung brachte, wenden konnte.

Bis der Mann eines Tages Mut fasste und in Alltagskleidung zum Rabbi ging, um die Hand seiner Tochter zu erbitten. Er schwor dem Rabbi bei Jesus Christus und dem Heiligen Geist, dass er für dieses Mädchen seinen strengen Orden verlassen und seine Religion aufgeben würde. Der alte und weise Rabbi sagte: »Wir wollen das Mädchen rufen und ihren Mund befragen.« Das Mädchen kam, errötete und willigte selbstverständlich sofort ein.

Und so geschah es, dass mein Vorfahr väterlicherseits in Krakau zum Judentum übertrat und in einer religiösen Zeremonie nach jüdischem Gesetz – mit *Chuppa* und *Kiddushim* – die Erwählte seines Herzens heiratete. Sie lebten bis ins hohe Alter in Frieden und gegenseitiger Treue und trugen die hebräischen Namen Rivka und Eisik Carmel. Sie hatten viele Söhne und Töchter, wohnten in der Judengasse und zogen später nach Kasimiz. Diese pikante Geschichte flüsterte man sich in unserer Familie ins Ohr, denn mein Großvater Icek Carmel verbot den Familienangehörigen, sie weiterzuerzählen, mit der Begründung, die ganze Geschichte sei von Ketzern und Judenhassern erfunden.

Als Rivka und Eisik Carmel hochbetagt und vom Leben reich beschenkt starben, konnten sie nicht ahnen, dass sechshundert Jahre später, wenige Jahre vor Ausbruch des Zweiten Weltkriegs, sich in der Stadt Częstochowa ein schwarzäugiges Mädchen, die Tochter des Kantors Zalman Carmel (ein entfernter Verwandter meines Großvaters), in den Tischler Josef Kaschpizki, einen muskulösen, blonden Goi, verlieben würde und gegen den ausdrücklichen Willen ihrer Eltern und der ganzen Familie zum Christentum übertreten und ihn heiraten würde.

Und während der christlichen Trauung in der Kirche St. Sigmund in der Stadt Częstochowa saßen Eltern, Schwestern und Brüder der Braut mit zerrissenen Kleidern auf dem Fußboden Schiva, als sei sie gestorben. Es konnte auch niemand voraussehen, dass von der weitverzweigten Familie nur sie und ihre drei Kinder überleben würden, denn ihr liebender Mann und Vater ihrer drei Kinder – der muskulöse Blondschopf – rettete sie vor dem bitteren jüdischen Schicksal, indem er sie im Keller des Hauses seiner Schwester versteckte, im Dorf Kaschpiza.

Meine engere und weitere Familie wurde von den Deutschen in einer anderen Dimension angesiedelt – sie transportierten sie nach Treblinka. Mich, Yizhak Carmel, schickten meine Eltern 1937 von Krakau nach Palästina.

Gespaltene Existenz

Es war eine Art Sommer im Winter. Die Sonne hatte das Sagen, und die Mädchen trugen über den Jeans nur ein Top. Im Garten blühten Veilchen und Stiefmütterchen. Sogar der Zitronenbaum von Dalia, der Nachbarin, irrte sich und entfaltete Anfang Januar einen wilden Blütenstand – zartweiß und duftend –, anstatt bis März oder April zu warten. In den Schaufenstern schwitzten dicke Skipullover und verblichene Wollkostüme. Grausame Sonnenstrahlen trockneten modische Lederstiefel aus, die nach Regen lechzten. Man forderte uns auf, die Gasmasken zu überprüfen, denn noch war nicht klar, über welche Möglichkeiten Herr Saddam verfügte und was für Raketen er uns schicken würde: biologische, chemische oder einfach konventionelle. Genau da starb Katriel Chai. Noch einmal Gas? Das war zu viel für ihn. Daher starb er ruhig in seinem Bett, zwischen sauberen Laken, an irgendeiner normalen Grippe. Evelyn, seine philippinische Pflegerin, war gerade fortgegangen, um Brot und eine Zeitung einzukaufen. Als sie wiederkam, fand sie ihn, die Augen für immer geschlossen, während das Radio noch spielte.

Karol Gitler beendet noch vor Ausbruch des Zweiten Weltkriegs sein Jurastudium mit Auszeichnung. Er beginnt als Referendar bei einem bekannten Rechtsanwalt seiner Stadt. Aber trotz aller günstigen Voraussetzungen, ein glänzender Anwalt zu werden, ist seine wirtschaftliche Lage sehr schlecht. Er hat einfach kein Glück. Einzig dank der massiven Unterstützung der Familie seiner Frau kann Karol sein Haus und seine beiden Kinder unterhalten. So sieht es bei Ausbruch des Zweiten Weltkriegs aus. Seine Lage ändert sich völlig, als die Deutschen in seiner Stadt den Judenrat organisieren, und Professor K. sowie Doktor P. Karols Einwilligung erhalten, dem Judenrat beizutreten. Von diesem Augenblick an treten die mannigfaltigen Talente Karols zutage. Es zeigt sich, dass dieser Mann über ausgezeichnete organisatorische Fähigkeiten verfügt. Von morgens bis spät in die Nacht versucht er im Ghetto ein so genanntes gesellschaftliches und kulturelles Leben zu organisieren, das – wie sich schnell herausstellen wird – in Wahrheit nur ein vorübergehendes Wartezimmer in den von vornherein voraussehbaren Tod ist.

Bis über beide Ohren beschäftigt, betäubt von dem irrsinnigen Tempo des Lebens im Ghetto und in dem verzweifelten Bemühen, dem Judenrat eine Existenz zu verschaffen, findet Karol keinen Augenblick Zeit für seine Familie, die ihn bis dahin fast ausschließlich unterhalten hat.

»Nun, wirklich, was kann man anderes von einem Mann mit Namen Gitler erwarten?«, fragt Onkel Pawel sarkastisch mit schwerem russischen Akzent; er war zwar Jahre vor Ausbruch des Krieges zum Christentum übergetreten, was ihn aber weder vor dem Ghetto noch vor Treblinka schützen konnte.

Doch Karol G., im Handumdrehen eine wichtige und willkommene Persönlichkeit, schert sich nicht um die Meinung anderer – weder die der Familie noch die der Freunde. Und so öffnet sich die Büchse der Pandora. Korruption ist auf beiden Seiten üblich, und auch Karol nimmt sich seinen Teil. Dem einen verschafft er die ersehnte Arbeitserlaubnis, die noch einige Tage Leben garantiert, einem anderen die Lizenz zur Eröffnung eines Ladens mit Arbeitskleidung aus Papierfäden, die sich schon beim ersten Regen auflösen. Er nimmt Bestechungsgelder von links und rechts, und so häuft sich ein Vermögen aus Diamanten und Dollars, Papieren und Goldmünzen, »Ferkel« genannt, an.

So geht es bis zu dem Tag, an dem die Deutschen von ihm verlangen ein Dokument zu unterzeichnen, das den Transfer des örtlichen Waisenhauses verordnet. Das heißt, man stellt ihn vor ein Ultimatum – entweder er unterzeichnet oder … (Die Deutschen ziehen es ständig vor, die Verantwortung für ihre Handlungen dem Judenrat aufzubürden.) Den Kindern wird nichts Böses geschehen, erklären sie anfangs ruhig und besorgt; eure Kinderchen werden dort ein viel besseres Leben haben als im Ghetto, versuchen sie ihn mit der ihnen eigenen Hartnäckigkeit und Arglist zu überzeugen, damit er das Dokument unterzeichnet. Doch schließlich verlieren sie die Geduld, setzen ihm den Revolver an die Schläfe und versichern ihm: entweder die Unterschrift oder sein Hirn landet auf dem Dokument. Aber das ist bereits zu viel für unseren Karol, der kein Monstrum, sondern ein begabter Mensch und in die Falle eines satanischen Spiels geraten ist, dessen Preis das Leben selbst ist.

Und so verschwand Karol noch vor Beginn der ersten großen Aktion in seiner Stadt am 22. September 1942 von der Bildfläche. Es geht das Gerücht, dass er in ein Konzentrationslager mitten in Deutschland geschickt wurde. Anschließend wird sich das Ghetto in eine wahre Hölle verwandeln und niemand mehr an ihn denken.

Wie im Falle vieler anderer Überlebender wird man niemals genau wissen, wie er gerettet wurde. Im Laufe seines langen Lebens sprach er wenig und nur ungern offen über diese verdammte Epoche. Ende des Krieges wird er einfach in Feldafing – im Flüchtlingslager – unter dem Namen

Katriel G. Chai erscheinen, geboren in Polen, in der Stadt Zarki. Als Kind hat er in einem Cheder und anschließend in einer *Jeschiwa* gelernt, so dass er die schwere hebräische Sprache fließend beherrscht. Seit er denken kann, ist er ein begeisterter Zionist, doch Studien, Ehe und schlechte wirtschaftliche Lage hinderten ihn und seine Familie, nach Israel auszuwandern. Seinen Kindern gab er hebräische Namen – Ora und Itamar –, nur halfen ihnen diese Namen keinesfalls, als man sie und ihre Mutter Celina auf dem jüdischen Friedhof erschoss.

Als ich sechs Jahre alt war, nahm Mutter mich zum ersten Mal mit zum Frisör. Der Frisör trug einen weißen Mantel wie der Herr Doktor. Als er sich mir mit seiner Schere und dem Rasiermesser, das er zuvor an einem blanken Lederband geschärft hatte, näherte, brach ich in Tränen aus.

Der Frisör zog einen kleinen Hocker heran, setzte sich darauf, hob mit zwei Fingern mein Kinn an und fragte mich, wie ich heiße. Schluchzend stammelte ich: »Viktor«. Er sagte: »Und ich heiße Katriel«. Und sein von Falten zerfurchtes Gesicht leuchtete mit einem breiten Lächeln. Später sagte er, dass er niemals einen so schönen Jungen gesehen habe, der wegen der langen schwarzen Locken genau wie ein Mädchen aussah. Damit überzeugte er mich natürlich sofort, mir die Haare schneiden zu lassen. Er versprach auch, mir ein Rezept für ein Eis am Kiosk des Herrn Abutbul auszustellen. Natürlich konnte er nicht wissen, dass meine Mutter kein Geld für Eis hatte. Dass wir sieben Kinder waren, dass der Vater nicht immer Arbeit hatte oder dass Mutter als Putzfrau bei Frau Yaroczinski sauber machte, um uns jeden Tag Brot und Schokoladenaufstrich zu kaufen.

Später ging ich allein in den Frisörladen und las das komische Schild im Schaufenster:

Hier frisiert Katriel
erzählt Geschichten
und frisiert alle
stets schnell und billig.

Und jetzt, da Katriel nicht mehr lebt, sehne ich mich sehr nach ihm und weiß, dass ich ohne ihn nicht hätte leben können, wie ich es heute tue. In unserer Stadt Kfar Yeruham, die ungefähr 50 km von Beer Sheva, der Hauptstadt des Negev, entfernt ist, war Katriel wahrhaft ein seltener Vogel. Ein nicht mehr junger Mann, einsam und zurückgezogen, Inhaber eines Frisörgeschäfts, nahe bei seiner Parterrewohnung mit dem kleinen, gepflegten Garten. Häufig fragte ich ihn, wie er es anstelle, dass bei ihm im Garten ständig etwas blühe. Er antwortete lächelnd: »Ich singe meinen Pflanzen jeden Morgen einfach ein jiddisches Lied vor.« Dann meinte er ernst: »Der Mensch braucht sein Stückchen Erde. Vor allem ein jüdischer Mensch. Ein Stückchen Erde, wo er Möhren, Zwiebeln, Radieschen und Kartoffeln pflanzen kann, um nicht zu verhungern. Ein Stückchen Erde, wo er Wurzeln schlagen kann.«

Ein anderes Mal zeigte er mir ein altes, vergilbtes Foto von sich, in einem dreiteiligen Anzug mit schwarzweißen Schuhen; er sagte: »Ich war nicht immer Frisör. Diesen Beruf habe ich im Konzentrationslager gelernt. Die Deutschen wollten das Haar unserer Frauen, daher brauchten sie Frisöre. Jetzt liebe ich diesen Beruf, denn niemand wird mich mehr schutzlos ergreifen.«

Ich muss zugeben, dass ich seinerzeit die Bedeutung unseres Gesprächs nicht begriff. Viel später erst setzte ich das ganze Puzzle zusammen. Häufig besuchte ich Katriel ohne besonderen Anlass in seinem Laden und wartete, bis er absperrte. Er begleitete mich nach Hause, vor allem im Winter, wenn es früh dunkel wurde. Auf dem Weg sprachen wir über die Schule und über alle möglichen anderen Dinge. So wurden wir Freunde.

Ihre Intuition ließ meine Mutter sofort begreifen, dass Katriel für einen Jungen wie mich ein wahrer Schatz war. Sie schickte ihm häufig schmackhafte Speisen, unsere großartigen marokkanischen Leckerbissen zum Beispiel. Fisch in pikanter roter Sauce oder braune, mit Fleisch gefüllte Mafroma-Kartoffeln. Zum Nachtisch gab es Honigkekse.

Ich glaube, Katriel war der Erste in unserem Städtchen, der einen Fernseher besaß, und ich war ein ständiger Zuschauer. Ich sah dort Kinderprogramme und Nachrichten. Ich bin mir auch ganz sicher, dass er auch der Einzige war, der eine große Bibliothek fremdsprachiger Bücher besaß. An alldem erfreute ich mich jahrelang. Noch vor der Pubertät fragte ich ihn einmal, warum er gerade mich gewählt hatte. »Als ich nach dem Krieg von den Toten auferstand«, sagte er, »begriff ich, dass das Überleben mich zu etwas verpflichtet. Ich wusste nicht genau, wozu. Ich dachte, dass ich meinen kleinen Kindern, Ora und Itamar, etwas schulde und vielleicht ihrer ganzen Generation, die aus der Welt gelöscht wurde. Ich dachte, vielleicht müsste ich irgendein Kind mit guten Anlagen finden und ihm zu einem besseren Start im Leben verhelfen, ihm einen kleinen Schubs nach vorn geben. Und als ich dir begegnete und du sagtest, dein Name sei Viktor, hatte ich das Gefühl, dass du nicht zufällig meinen Weg gekreuzt hast. Dass unsere Begegnung möglicherweise sogar Schicksal war. Ich dachte, dass du, Viktor, unser beider Sieg über das Böse sein könntest.«

Wieder verstand ich nicht ganz, was Katriel meinte, aber es genügte mir, dass er mich intelligent und klug nannte, so stellte ich keine Fragen mehr. Es kitzelte mein Ego und trieb mich an, weiterzumachen.

Während der Oberschule half Katriel mir bei Mathematik, Chemie, Physik und biblischer und allgemeiner Geschichte. Bildung ist Macht, pflegte er zu sagen. Das Lernen fordert starke Konzentration für kleine Strecken und ein langes Gedächtnis für lange Strecken. In seinem archaischen Hebräisch erzählte er mir die Geschichte des jüdischen Volkes. Sprach über Exil, Ausrottung, Überleben und Wiederaufrichtung.

Seine Worte klangen anders als die der Lehrer. Sie überzogen sich mit Haut und Sehnen und erhielten Flügel. Katriel überzeugte mich, dass man dem Menschen helfen muss, denn er ist allem ausgesetzt und hilflos angesichts des unvermeidlichen Todes.

Als ich ihm mitteilte, dass ich die Herzchirurgie als Beruf gewählt hatte, breitete sich auf seinem faltigen Gesicht ein strahlendes Lächeln aus, wie damals, als wir uns zum ersten Mal trafen, und er sagte: »Dein Vater war Installateur für Wasser und Rohre, du wirst Installateur für Blut und Venen sein.«

Letzte Gespräche

Vielleicht erinnerst du dich an die Bahnfahrt in dem offenen Viehwagen, in Italien, direkt nach der Befreiung? Du nickst müde. Und wie die jungen Italiener für uns sangen *Mamma son tanto felice* und wir für sie *Homim hadekalim baNegev* (Die Palmen rauschen im Negev) zur Melodie der polnischen Oper »Helka«, erinnerst du dich? Der Schatten eines Lächelns blüht auf deinen blassen Lippen.

Es war Hochsommer und wir trugen geblümte Kleider, von Motten zerfressene, gebrauchte Kleider. Wir hatten sie vom »Joint« bekommen, einer amerikanischen Organisation die *Schmattes* bei den Juden sammelte, für Paketsendungen an die armen Überlebenden in Europa. Zwei gute Taten auf einen Schlag: Reinigung des amerikanisch-jüdischen Gewissens und Entrümpelung der Schränke.

Ich halte deine blasse, magere Hand, spreche zu dir und weiß nicht, ob du mich überhaupt hörst. »Erinnerst du dich, wie sich der rothaarige Matrose auf unserem illegalen Einwandererschiff in dich verliebt hat, der gutaussehende Goi, MacSteven, MacDonald – wie hieß er?« »MacGower«, flüsterst du mit geschlossenen Augen. »Er hatte einen tief gebräunten Bauch, muskulös, mit drei Falten, erinnerst du dich? Und du kamst, um ihn zu treffen, gepflegt und sauber, in weißer Bluse und kariertem Rock. Wie hast du das geschafft, inmitten der stinkenden, kotzenden, schwitzenden Menge, wie hast du das fertigbekommen, um dich herum Wohlgeruch zu verbreiten, als blühte Flieder unter deinen Achseln?«

»Gott, dass du dich noch an all den Unsinn erinnerst!«, sagst du still und öffnest sekundenlang deine grünen Augen.

»Ja, daran erinnere ich mich ganz genau, ich erinnere mich nur nicht, wohin ich meine Brille gelegt und was ich zum Frühstück gegessen habe. Damals lag noch alles vor uns und wir wussten es nicht einmal«, denke ich laut, und plötzlich sagst du mit unerwartet kräftiger Stimme: »Ich konnte mir niemals vorstellen, dass ich sechs Kinder haben würde, aber Akiva bestand darauf, dass wir für jede Million wenigstens ein Kind auf die Welt bringen müssten.«

»Erinnerst du dich an jenen Abend, als Akiva dich im Kibbuz besuchen kam? Wir saßen auf dem Häufchen Asche, das von unserem Zelt übrig geblieben war, nachdem ich es vor lauter Dummheit mit einem brennenden Zigarettenstummel in Brand gesteckt hatte, weil ich ihn in die trockenen Disteln warf. Anstatt zu weinen, lachten wir wie die Irrsinnigen, denn wir hatten aus Verzweiflung eine ganze Flasche Cognac geleert, was wir damals ›Medizin‹ nannten. Damals tranken Israelis keinen Alkohol. Akiva stand erschrocken dort, denn er dachte, wir hätten völlig den Verstand verloren.«

»Er mochte dich sehr«, flüsterst du. »Ich weiß, es beruhte auf Gegenseitigkeit«, antworte ich. »Ich werde mich immer an die Uhr erinnern, die er mir von seinem schmalen Sold gekauft hatte, nachdem ich einmal von meiner ersten Uhr erzählt hatte, die ich 1939 zum Geburtstag bekam und die die Gestapo sofort nach dem Einmarsch in die Stadt konfiszierte. Ich habe mich später nie mehr so über eine Uhr gefreut.«

Plötzlich wirst du wieder lebendig, vielleicht begann das Morphium endlich zu wirken, und du beginnst zu sprechen:

»Und jene Nacht, die wir auf einer Bank auf dem Chen Boulevard in Tel Aviv verbrachten, unter den Feigenbäumen, erinnerst du dich?« Für einen winzigen Augenblick streift

eine feuchtwarme Septembernacht meinen Sinn, ein Blätter-
regen über unseren Köpfen, Luftwurzeln, die zart unser Haar
kühlen und streicheln, wie einst, vor nicht allzu langer Zeit,
die Finger unserer verlorenen Mütter. Ich spreche weiter,
denn du bist sichtlich sehr ermüdet und schließt wieder die
Augen.

»Wir kamen aus unseren Kibbuzim, um uns in der Stadt
zu treffen. Du aus dem Norden und ich aus dem Süden, und
wir verloren das Zeitgefühl. Erinnerst du dich, wie viel wir
einander zu erzählen hatten? Und unvermutet war es zu
spät, um zu deiner Tante zu gehen und dort zu übernachten.
Schließlich fürchteten wir uns nicht mehr, denn wir waren
hier zuhause. Du sagtest, dass wir uns nie mehr, vor nichts
und niemand fürchten müssten, denn die Portion Furcht, die
uns für dieses Leben zugeteilt war, hatten wir bereits ver-
braucht. Wie hätten wir auch wissen können, dass wir uns
noch sehr fürchten würden, uns um unsere Söhne und Enkel
sorgen, ihnen Gasmasken überstreifen würden, die uns die
Deutschen schickten, damit wir uns vor dem Gas von Saddam
Hussein schützen könnten, das zu erzeugen sie ihm halfen.
Damals wussten wir nicht, dass die Furcht niemals enden
würde.«

Wieder etwas belebt, sprichst du wieder und erinnerst
dich an die Geschichte, die du über unsere Zeit geschrieben
hast. Die du im Lager auf Zypern schriebst, die dir aber nicht
gefiel, so dass du sie verbrennen wolltest, und ich bat dich,
sie mir zu geben, und ich habe sie dir über fünfzig Jahre aufbewahrt. Nimm sie jetzt, sonst werfen die Kinder sie in den
Müll. »Ich habe immer gewusst, dass du eines Tages über
uns schreiben würdest. Wie ist es möglich, dass ich es nicht
wusste, du aber schon?«, frage ich.

»Das weiß ich nicht, manchmal habe ich solche Intuitionen«, antwortest du flüsternd. »Und jetzt fühle ich, dass meine Zeit gekommen ist, und ich gehe meinen Weg ohne Trauer oder Bitternis, ich habe mein Teil getan. Ich habe mich von allem, von allen verabschiedet. Schau, in welch sauberem Bett ich liege, unter blütenweißen Laken. Nicht wie jene. Damals.« Und du schweigst.

Aber eine Minute später öffnest du noch einmal deine riesigen grünen Augen (schon ohne Brauen und Wimpern), mit denen du einmal Männer und Frauen bezaubert hast, und fragst flüsternd: »Sag, glaubst du an ein Leben nach dem Tode? Denkst du, dass ich dort Akiva, Seymek, Janek, Moniek, Linke, Mietek, Edria, Yurek, Lilke und Josef begegnen werde? Und meinen Eltern, Schwestern, Brüdern, Großvätern, Großmüttern, Tanten und Vettern? Allen, die über Treblinka direkt in den Himmel gefahren sind?«

»Ich weiß nicht«, antworte ich, »alles ist möglich.« Aber du bist schon nicht mehr hier. Der Monitor zeichnet eine gerade Linie, und deine Hand gleitet von meiner und fällt wie ein Stein auf das weiße Laken. Eine große Ruhe breitet sich über dein aschfarbenes Antlitz, und ich weine bereits vor Sehnsucht nach dir …

Vielleicht werde ich eines Tages, auf meinem Weg zur Bank, bei meinem alten Namen gerufen, den ich vor hundert Jahren in dem alten Land, wo ich geboren wurde, trug. Ein Name, den nur noch einige meiner letzten Freunde von dort kennen. Und ich werde denken, dass ich mich irre, denn mein Gehör ist nicht mehr wie früher. Aber ich höre den Ruf nochmals, und da sehe ich, dass ihr Sohn mich ruft. Ein hochgewachsener, kahlköpfiger Mann, ihr ähnlich wie zwei Tropfen Wasser, wird freudig aus einem eleganten, grauen Auto springen. Er wird mich mit einem traurigen Lächeln aus großen grünen Augen – ihren Augen – ansehen und mich fest und warm umarmen, und beide werden wir den Tränen nahe sein.

Wann bist du gekommen? Ich wusste überhaupt nicht, dass du hier bist! Ich bin vor einer Woche zum Kongress der Psychiater in Cäsarea gekommen. Ich war mir nicht sicher, ob ich dich anrufen soll, denn ich hatte keine Ahnung, wie es um dich steht. Na ja, in meinem Alter muss man auf alles gefasst sein. Darf ich dich zu einer Tasse Kaffee einladen? wird er vorsichtig fragen. Gern, nur nicht hier.

Selbstverständlich, wird er mit einem breiten Lächeln sagen und mir die Wagentür öffnen. Wir werden zu dem schönsten Ort in dieser Stadt fahren, wohin ich alle meine neuen Eroberungen führe. Ich bin jetzt ein freier Mann, hab mich vor einem halben Jahr scheiden lassen. Wir werden bis ans Ende der Promenade, die bis nach Yaffo führt, fahren, in das schicke Restaurant »Manta Ray«.

Was bedeutet Manta Ray? Werde ich vorsichtig fragen, ist das etwas in der Richtung Fanta Ray? Nein, nein! Das ist einfach der Name eines schrecklichen Fisches, den die Chinesen essen, aber du musst zugeben, dass es fantastisch klingt! Der Name ist unwichtig, aber der Ort ist einzigartig in seiner Schönheit. Gutes Design. Riesige bunte Sonnenschirme werfen Schatten auf die Tische, die so dicht wie möglich am Meer stehen, das sich träge und glatt wie Öl erstreckt und den hellen Sand mit winzigen Wellen streichelt. Wir werden trockenen Rotwein von den Golanhöhen trinken und warme Brötchen mit gesalzenem Käse essen, gelbe Omelettes, grünen Salat mit schwarzen Oliven, und zum Nachtisch werden wir einen großen Espresso und honigtriefendes Gebäck bestellen.

Avihu wird sich aufraffen und mir von seinem Leben in

Salt Lake City, der Mormonenstadt, erzählen, von seiner vor kurzem zerrütteten Ehe, von seinen Plänen, wieder nach Israel zurückzukehren, und unvermutet, als sei er selbst über seine Worte überrascht, wird er sagen: Nur jetzt, da beide nicht mehr am Leben sind, könnte ich wieder hier leben. Nur hier fühle ich mich wirklich zuhause. Erst in letzter Zeit wurde mir klar, dass ihr historisches Gepäck zu schwer für mich war, es ging einfach über mein seelisches Fassungsvermögen. Und er wird seinen Kopf senken, als sei er über die Worte, die er gerade ausgesprochen hat, entsetzt.

Wie viel Jahre sind seitdem vergangen? Werde ich fragen, um dem Gespräch eine andere Richtung zu geben. Im Mai drei Jahre. Erzähl mir etwas von ihr, wird er still bitten. Ich weiß so wenig. Ich habe mich immer beklagt, dass sie nichts erzählt, und sobald sie den Mund öffnete, verstopfte ich meine Ohren und stellte das Radio an. Ich hatte einfach nicht die Kraft, es zu hören. Jetzt weiß ich so wenig über sie und ihre Familie. Natürlich gab es Großeltern, Onkel, Vettern, aber sie hatte nicht einmal Bilder.

Wir werden lange dort sitzen und den Sonnenuntergang betrachten. Und ich werde ihm erzählen, wie seine Mutter mit vierzehn Jahren die Baracke in Auschwitz auskehrt und dafür von der verantwortlichen Kapo eine Schüssel Wassersuppe erhält. Sie hat bereits niemand mehr auf der Welt, und sie ist nur noch Haut und Knochen. Und als Doktor Mengele seine Selektion trifft, um kräftigere Frauen für den Arbeitstransport in ein anderes Lager auszuwählen, steht sie in einer Zelle, inmitten einer Gruppe von knochendürren Frauen, die für das Gas bestimmt sind, und da entdeckt eine der Frauen hoch oben eine kleine, unvergitterte Luke. Und diese zum Tode verurteilten Frauen heben mit ihren letzten Kräften das nackte, knochige Mädchen und stoßen es durch die Luke hinaus und flüstern alle zusammen den einen Satz: Wenn du am Leben bleibst, erzähl, erzähl, erzähl ... Und sie fällt direkt in den Lastwagen, der für die Fahrt in das andere Lager bestimmt ist. Auf dem Lastwagen drängen sich die etwas kräftigeren Frauen, es schneit und sie ist ganz blau vor Kälte, hüllt sich in irgendeinen Lumpen, den eine der Gefangenen ausgezogen hat; den ganzen Weg über wärmen sie sie mit ihrer Körperwärme. So blieb sie am Leben.

Als sie einmal für dich Kompott kochte, in ihrer luxuriösen Küche, erzählte sie mir das, sie unterbrach die Erzählung hin und wieder, um mir einen Löffel Kompott zum Probieren in den Mund zu schieben. Sie hatte die Begabung, an mehreren Orten zugleich zu sein.

Später werden wir noch lange in tiefem Schweigen sitzen, und dann wird sich über ihren ältesten Sohn, Doktor Avihu Yardeni, und über mich Dunkelheit senken. Auf dem Tisch wird der Kaffee in den Tassen aus deutschem Porzellan kalt, und ich werde wissen, dass ich zum letzten Mal über diese Dinge gesprochen habe.

Es bleibt das Rauschen des Meeres, begleitet von Stille. Eine weiße Möwe, die in der Dunkelheit ihren Weg verloren hat, fliegt mit lautem Flügelschlag über unsere Köpfe.

Versäumte Rache

In einer heißen Augustnacht des Jahres 2005 träume ich wieder diesen bedrückenden Traum. Diesmal erinnere ich ihn ganz genau. Klar wie in einem Film sehe ich die Bilder, obwohl seit damals über sechzig Jahre vergangen sind.

Ein schwerer Winter, ringsum tiefer Schnee, und drei in Lumpen gehüllte Kinder stapfen den verschneiten Weg entlang. Ich weiß, wer diese Kinder sind, weiß, wohin sie bei diesem Wind gehen. Wir sind es natürlich: Krysia, Antosz und ich. Die Erwachsenen schickten uns los, um Salz und Mehl im benachbarten Dorf zu ergattern. Der Hunger bedroht uns mächtig. Wir sind alle drei gleichaltrig. Wir sind gute Freunde, aber eine Kleinigkeit wissen sie nicht, nämlich dass ich Jüdin bin.

Zur Linken erstrecken sich Felder, bedeckt von leuchtend weißem Schnee wie von einer Daunendecke. Rechts auf dem Hügel droht dichter Wald. Auf den Ästen der hohen Bäume lastet der Schnee. Es bläst ein kalter Wind. Alles scheint bedrohlich. Stumm vor Kälte und Angst kämpfen wir gegen den Wind. Jeden Augenblick können deutsche Soldaten in weißen Overalls aus dem Wald stürmen und ohne Rücksicht auf uns schießen.

In einer schwül-heißen Nacht weckt mich Kriegsschrecken, unzeitgemäß und bekannt. Kalter Schweiß bedeckt mich, keine Chance, noch einmal einzuschlafen. Ich stehe auf, um aufzuschreiben, woran ich mich erinnere.

Es war 1945. Nachts zogen an unserem Dorf die Deutschen auf ihrem Rückzug vorbei und tagsüber vorrückende russische Patrouillen. Die Deutschen wollten wissen, was die russischen Soldaten sagten, und die Russen, was die deutschen Soldaten sagten. Nur dass keiner uns überhaupt etwas sagte. Wir wollten alle nur, dass dieser Albdruck endlich zu Ende ging. Vor allem wir, Onkel Mordechai und ich, Estera, die wir zufällig auf unserer Flucht aus dem nach dem polnischen Aufstand zerstörten Warschau in dieses Dorf gelangt waren. Dank des arischen Aussehens meiner Familie (Stupsnase und blondes Haar) und vor allem, weil wir fließend Polnisch sprachen, kam niemand auf die Idee, dass wir Juden sein könnten. Es war ein kleines Dorf: vier Hütten und eine winzige Kirche.

Heute erinnere ich mich, dass es uns damals gelang, Mehl und Salz zu beschaffen. Schwer bepackt machen wir uns auf den Rückweg. Jetzt liegen die schneebedeckten Felder rechts von uns und der Wald zur Linken. Der pfeifende Wind hat sich beruhigt. Eine blasse Sonne blinzelt zwischen den grauen Wolken hervor, und wir fühlen uns mutiger.

Wir wissen damals noch nicht, dass die deutschen Soldaten nur drei Tage später Krysias Vater und Onkel Mordechai abholen werden. Der Onkel wird gesund und wohlbehalten zurückkehren, der Vater von Krysia tödlich verwundet.

Plötzlich stürmen aus dem Wald polnische Partisanen hervor. Schreien von weitem: »Hände hoch! Halt! Halt!« Sie könnten auf uns schießen, denn beladen, wie wir sind, können wir nicht sofort die Hände heben. Zu unserem Glück ist der freundliche Pan Jozek unter ihnen, der Vetter von Antosz. Er erkennt uns, und das rettet uns.

Die Partisanen führen einige deutsche Gefangene bei sich. Die Deutschen sehen genauso aus wie Juden. Unrasiert, verdreckt und verstört. Zum ersten Mal in meinem vierzehnjährigen Leben denke ich: Deutsche sind also auch Menschen?

Die Partisanen kommen den Hügel herunter, verlassen den Wald, und Pan Jozek befiehlt einem der gefangenen Deutschen, er solle seine Schuhe ausziehen. Ich renne auf sie zu und rufe aufgeregt: »Pan Jozek! Pan Jozek! Bitte nicht! Es ist unmöglich, im Schnee barfuß zu gehen!« Ich sage ihm natürlich nicht, dass ich darin Erfahrung habe, dass ich im kleinen Ghetto von Częstochowa im Schnee gelaufen bin, die Füße mit Zeitungspapier umwickelt. Ich erinnere mich, wie der Schnee nach wenigen Minuten brannte wie kochendes Wasser.

Pan Jozek sieht mich erstaunt an und sagt: »Aber Mädchen, das ist ein Deutscher!«

»Pan Jozek! Pan Jozek! Mach das nicht! Man kann im Schnee unmöglich barfuß laufen, sieh doch, wie verwirrt und elend er ist, ohne Schuhe, barfuß im Schnee. Er krepiert sofort!«, flehe ich.

»Na gut, also werde ich ihm meine zerfetzten Schuhe geben und seine Stiefel nehmen. Hab schon immer von solchen geträumt«, gibt Pan Jozek seufzend nach.

Ich dagegen nutze die Gelegenheit zur Rache nicht. Und muss damit bis ins hohe Alter leben, hier, in einem Land, wo ich acht Monate im Jahr barfuß laufe. Zu meiner Rechtfertigung kann ich nur sagen, dass ich damals noch nicht ganz vierzehn war. Dass ich nicht wusste, dass sie meinem Vater auf dem Bahnhof Częstochowa seine Bergschuhe weggenommen hatten.

Seitdem sind genau sechzig Jahre vergangen.

Doch immer wenn ich am Strand im glühenden Sand barfuß gehe, denke ich an die bloßen Füße meines Vaters im ungelöschten Kalk, den die Deutschen ihren Hygienegesetzen zufolge in den Eisenbahnwaggon schütteten, der nach Treblinka donnerte.

Stammeltern

Es war in der ersten Hälfte des neunzehnten Jahrhunderts, irgendwo in einem kleinen polnischen Dorf, das im Winter in schwarzem, klebrigem Schlamm versank und im Sommer in grauen Staubwolken. In diesem von Gott und Mensch vergessenen Dorf erfreute sich Salcia Sperling, meine Urgroßmutter, großer Achtung. Der Thoragelehrte Josef Kalozinsky, mein Urgroßvater, hatte sie zu seiner Frau gewählt. Die ganze Familie Salcias war im siebten Himmel, denn sich mit einem Thoragelehrten zu verheiraten, galt als große Auszeichnung. Nur ihre Mutter vergoss insgeheim Tränen, weil sie sehr genau wusste, wie der Alltag eines so religiösen Paares aussah.

Vor der Hochzeit halfen alle guten Nachbarinnen »Gefillte Fisch« zuzubereiten und eine Unmenge Torten zu backen. Die Frauen tanzten um die Braut, der Rabbi sprach sieben Segenssprüche. Der Bräutigam sagte unter der Chuppa mit erregter Stimme:

»Wenn ich dich je vergesse, Jerusalem, dann soll mir die rechte Hand verdorren, die Zunge soll mir am Gaumen kleben, wenn ich nicht mehr an dich denke«, und wie der Brauch es wollte, zersplitterte er mit einem männlichen Tritt seines neuen schwarzen Schuhs das dicke in Zeitungspapier gewickelte Glas in kleine Splitter. Das galt als Symbol, dass der Jude sogar am bedeutungsvollsten Tag seines Lebens, dem Tag seiner Hochzeit, der Zerstörung des Tempels und Jerusalems gedenke. Dann steckte der gelehrte Bräutigam seiner Braut an den Mittelfinger ihrer linken Hand einen dünnen Ehering aus Gold, sagte: »Damit bist du mir angetraut« und hob ihren Brautschleier und küsste sie. Die dicken kastanienbraunen Zöpfe der schönen Salcia wurden abgeschnitten und ihr Kopf der Sitte entsprechend kahl geschoren, dann setzte man ihr eine hässliche Perücke auf, die noch von ihrer verheirateten Schwester stammte, die in der Blüte ihrer Jahre gestorben war. Und dann begann, was man ein glückliches Eheleben nennt.

Die ersten zwei Jahre waren noch erträglich, denn wie es Brauch war, lebte das junge Paar bei den Eltern der Braut »auf Kost«. Yosl, mein Urgroßvater, lernte tagsüber die heilige Thora, und des Nachts liebte er mit glühender Leidenschaft seine junge, schöne Frau. Selbstverständlich nur an den erlaubten Tagen, das heißt etwa zwei Wochen im Monat, vor allem an Freitagen, denn da war es eine heilige Pflicht. Und so kam es, dass alljährlich ein neuer Sprössling in das bedrückende Elend geboren wurde. Als mein Urgroßvater, sehr jung an Jahren an der Schwindsucht starb, hatte Salcia acht Münder im Haus zu füttern, aber nichts, womit sie die Töpfe füllen konnte. Daher krempelte meine energische Urgroßmutter ihre Ärmel auf und schritt zur Tat.

Mit der Hilfe von Nachbarn und Familienangehörigen baute sie einen Handwagen aus Holz mit den Rädern eines alten Kinderwagens. Dann bastelten die Kinder aus einem Stückchen Sperrholz ein Schild, auf das sie mit einem mit Spucke befeuchteten Kopierstift schrieben: »Bei Sala – Garn, Nadeln, Seifen, Marmelade und alle möglichen anderen Waren«.

Jeden Morgen gingen die kleinen Söhne in die Cheder, während die Größeren in der Jeschiwa lernten. Die Töchter blieben zuhause. Sie machten Feuer im Herd, kochten eine warme Mahlzeit und kümmerten sich hingebungsvoll um ihre kleinen Brüder. Jeden Schabbat lernten sie unter Salcias Anleitung in der *Zenne Renne* und heimlich auch in polnischer Sprache zu lesen.

Unterdessen schob meine Urgroßmutter Salcia tagtäglich ihren prächtigen Handwagen auf die Märkte, insbesondere zu Zeiten des Jahrmarkts, wenn die Bauern mit ihren Frauen kamen, um in den umliegenden Dörfern einzukaufen. Und schon gab es etwas, um täglich die Töpfe zu füllen. Vor allem aber für das Festmahl am Schabbat! Da gab es regelmäßig Tscholent, das für Freitagabend bis zum Schabbatmittag zubereitet wurde – in der Bäckerei von Pan Becker. Im Tscholent waren Kartoffeln, Knochen, weiße Bohnen, viel Knoblauch und für jeden ein Stück Rindfleisch – koscher, wie das Gesetz es forderte. Zum Nachtisch gab es Zimmes – ein Gericht aus Karotten, Rosinen und Zimt.

Als die Kinder etwas größer waren, scharte Salcia sie um sich und teilte ihnen mit fester Stimme ihre Entschlüsse mit: »Jetzt ist es an der Zeit, dass wir in die Stadt Częstochowa umziehen«, sagte sie. »Wir werden bei der jüdischen Gemeinde ein Darlehen beantragen und auf dem alten Markt ein kleines Geschäft pachten. Ihr werdet alle vormittags ins Gymnasium gehen und nachmittags abwechselnd im Geschäft arbeiten. Der Fleißigste und Begabteste von euch wird entweder an der Universität in Warschau oder in Krakau studieren. Die Übrigen werden weiter bei mir arbeiten und einen Teil ihres Lohns für den begabten Bruder abzweigen. Später wird der gelehrte Bruder den anderen helfen, eine Ausbildung zu machen. Auf diese Art und Weise wird es uns vielleicht gelingen, den Schlamm von Rendziny zu verlassen.«

Und so geschah es auch, denn selbstverständlich wagte es keiner, den kühnen Plänen der klugen Salcia zu widersprechen. Auf diese Weise gelang es ihnen wirklich, den Schlamm von Rendziny hinter sich zu lassen, damit die Kinder, ihre Frauen und Enkel der zweiten, dritten und vierten Generation das geläufige Polnisch der Dichter Mickiewicz und Tuwim beherrschten, um schließlich im Gas zu sterben und im Feuer der Deutschen verbrannt zu werden. Sie waren Akademiker und solide Handwerker: Ein Augenarzt, ein Hals-Nasen-Ohren-Arzt, ein Uhrmacher und zwei Rechtsanwälte, unter ihnen meine Tante Helena – die erste Polin, der es gelang, Rechtsanwältin zu werden –, ein Apotheker, zwei Inhaber von Textilgeschäften und Tante Fela, die Schneiderin.

Nur ich blieb übrig, eine Gezeichnete, um sich zu erinnern und zu erinnern, zu weinen und bis zum letzten Atemzug darüber zu schreiben.

Eine holländische Geschichte

Sie sitzt mit halbgeschlossenen Augen am Fenster, Mimi, ihre weiße Katze, auf dem Schoß; beide wärmen sich in der blassen Märzsonne. Sobald sie ihre Augen öffnet, enthüllen sich ihr in voller Schönheit ganze Reihen fein restaurierter Häuser aus dem siebzehnten Jahrhundert. Diese Stadt gleicht einer Theaterkulisse – als würde im nächsten Augenblick das wirkliche Drama beginnen. Vielleicht das ihre? Was für ein Pechvogel war sie doch, obwohl sie in einer der schönsten und elegantesten Städte Europas geboren wurde, in Amsterdam. Nur dass der historische Augenblick ihrer Geburt so völlig unpassend war: 1941, mit einem Todesurteil im Vorhinein.

Jetzt aber, an diesem Frühlingstag des Jahres 2006, blinzelt sie mit ihren grünen Augen in die kühle Märzsonne. Das heißt, dass sie gerettet wurde, aber wie kam es dazu? Sie wurde am 16. Mai 1941 in Amsterdam geboren und war ein gesundes und bezauberndes Baby; ihre Eltern waren begeisterte jüdische Aktivisten in der Kommunistischen Partei. Beim Einmarsch der Deutschen in Holland nahmen sie sofort den Kampf gegen sie auf und gingen bereits 1942 in den Untergrund. Sie versteckten sich im Keller eines Kameraden der Bewegung.

In dieser Situation konnten sie natürlich nicht für ihr kleines Mädchen sorgen. Daher gaben sie das Kind zu ihrem Onkel, einem Bruder des Vaters, der mit einer Holländerin verheiratet war und in der Stadt Bussum lebte. Die Kleine war so hübsch und süß, dass das kinderlose Paar sie sofort adoptieren wollte, aber damit waren die Eltern nicht einverstanden. 1943 wurde auch in Bussum die Lage sehr gefährlich, doch ihre Mutter fand ein scheinbar sicheres Versteck in Amsterdam und brachte sie dorthin. Nur dass sich an derselben Stelle noch ein anderes jüdisches Mädchen versteckt hielt – älter als sie, das von holländischen Nachbarn an die Gestapo verraten wurde. Nachdem es gefoltert worden war, erzählte das Mädchen von der Kleinen. Sie war zwei Jahre alt, als man sie ins Gefängnis in der Weteringschans nahe dem Leidseplein in Amsterdam brachte.

Und während sie sich heute in der anämischen Sonne bräunt, sitzt in ihr – wie immer – das kleine Mädchen mit zornigem Gesicht ganz allein auf einem großen Stein. In dieser Position fand sie Frau A., eine holländische Jüdin, die sie auf ihrem gemeinsamen Transport in das Lager Westerbork in der Provinz Drente unter ihre Fittiche nahm. Im Lager gab Frau A. sie in das örtliche Waisenhaus, weil sie selber zur Zwangsarbeit verpflichtet wurde.

Im September 1944 wurde das Waisenhaus geräumt und eine Gruppe von 51 jüdischen Kindern in einem Viehwaggon von Holland in Richtung Auschwitz geschickt. Dort befand sie sich zusammen mit Frau A., die augenscheinlich ihr Schutzengel war. Die monströse Fahrt dauerte drei Tage. Ein wenige Monate altes Baby starb unterwegs. Jetzt zählte die Gruppe fünfzig Kinder verschiedenen Alters. Sie weiß nicht warum, aber zu ihrem großen Glück endete die Reise in Bergen-Belsen und nicht in Auschwitz. Sie war damals drei Jahre alt. In Bergen-Belsen blieben die Kinder drei Monate. Sie bewohnten eine Baracke zusammen mit jüdischen Flüchtlingen mit ausländischen Pässen, die gegen Deutsche ausgetauscht werden sollten. Man erzählte, dass Luba, die berühmte Kapo von Bergen-Belsen, sich mehr um die Gruppe holländischer Kinder kümmerte als um die anderen. Vielleicht glaubte sie, dass es sich einmal auszahlen würde.

Nach drei Monaten wurde die Kindergruppe von Bergen-Belsen nach Theresienstadt in Tschechien überführt. Diesmal war Frau A. nicht mehr bei ihr. Sie weiß nicht, weshalb. Sie weiß auch nicht, warum man sie nach Tschechien brachte. Vielleicht, weil das Ende des Krieges nahe war. In Theresienstadt kümmerten sich jüdische Flüchtlinge aus Holland um die Kinder. Im Jahr 1945 wurden alle Lagerinsassen von der Roten Armee befreit. Sie war damals vier und konnte kein Haus und keine Sonne zeichnen. Von Theresienstadt brachten die Alliierten die Kinder nach Walkenswerder, einem kleinen Militärflugplatz bei Eindhoven. Alle fünfzig Kinder hatten überlebt und kehrten nach Holland zurück.

Auch ihrer Mutter Bertia gelang es, dorthin zu kommen – per Anhalter. Ein Bekannter aus dem Untergrund erzählte ihr, dass in der Jüdischen Gemeinde in Amsterdam eine Liste der Überlebenden ausläge, die auch die Vornamen von 50 unbekannten Kindern aus Holland enthielte. Bertia erstickte fast vor Aufregung, als sie auf der Liste den Namen ihres kleinen Mädchens sah: Tymna Israel.

»Tymna Israel« leuchtete vor ihren Augen der Name ihrer Tochter, die sie bereits verloren geglaubt hatte.

»Ich war damals vier und hatte eine kleine, schmutzige Puppe aus Lumpen, der ein Bein fehlte, die aus irgendeinem Grund einen polnischen Namen hatte: Lalka. Ich weiß nicht, warum. Ich sprach mit ihr Holländisch, und sie verstand alles. So klug war sie. Als meine Mutter zum ersten Mal auf mich zukam und mich umarmen wollte, fragte ich Lalka flüsternd: ›Wer ist das überhaupt? Ich kenne sie nicht. Was will sie?‹

Und umarmte Lalka mit beiden Armen, aber ich weinte nicht. Anscheinend waren mir die Tränen schon lange ausgegangen. Trotzdem hatte ich Glück, dass meine Mutter überlebt hatte und mich zu sich nahm. Die meisten Kinder aus unserer Gruppe waren verwaist, dank des verrückten deutschen Eifers. Nach dem Krieg kamen sie zu nichtjüdischen Familien oder in jüdische Institutionen.

Unser aller Gesundheitszustand war äußerst prekär. Ich hatte eine beidseitige Lungenentzündung, Bronchitis und Wunden, die fast bis auf die Knochen gingen. Nach der Untersuchung durch das Rote Kreuz empfahl man meiner Mutter, mich wegen der Tuberkulosegefahr in ein Erholungsheim in der Schweiz zu schicken.«

Sie streichelt sanft das weiße Fell ihrer Katze Mimi, beugt tief ihren weißen Kopf und sagt voll tiefer Trauer: »Also, wieder ein Transport, wieder ein Waggon, wieder verlassen, wieder Entfremdung und Einsamkeit, ohne die Wärme einer Familie, einer Mutter. Als ich aus der Schweiz zurückkehrte, sprach ich nur Deutsch, mein ganzes Leben sehe ich mich allein stehen, auf einem leeren Bahnhof neben einem kleinen Koffer. Ich erinnere mich, wie die fremde Frau auf mich zukommt und sagt, sie sei meine Mutter. Ich glaubte ihr. Hatte ich etwa eine Wahl? Aber bis zum Ende ihres Lebens konnten wir uns niemals küssen oder umarmen.«

»Denkst du, dass sie mich überhaupt liebte?«, fragt sie Max, ihren Mann, der in einem schwarzen Ledersessel sitzt und seine Zeitung liest.

»Was für eine Frage«, antwortet Max, »du bist doch ihre einzige Tochter, die überlebt hat. Wo immer sie gerade war, sie rief dich alle zwei Tage an. Alles kaufte sie doppelt, sei es eine Kleinigkeit, sei es etwas Teures, und sagte: Eins für

Tymna und eins für mich – oder erinnerst du dich schon nicht mehr daran?«

»Ja, ich weiß. Sie war ein echter Globetrotter und kauflustig war sie auch. Aber damals, als ich ein Baby war, da wählte sie den Untergrund, nicht mich. Das heißt, sie liebte Holland mehr als mich. Ich störte sie nur bei ihrer Arbeit für ihren kommunistischen Untergrund.«

»Red doch keinen Unsinn«, entgegnet Max nervös, über den seine verstorbene Schwiegermutter zu sagen pflegte, er wäre zwar ein Goi, aber drei Juden ebenbürtig. »Schließlich sind an allem die Deutschen schuld. Während der sechs Kriegsjahre stellten sie die Menschen vor die unmenschlichsten Alternativen, die man sich vorstellen kann. Und ganz besonders die Juden. In normalen Zeiten können Menschen sehr alt werden, ohne je vor solch monströse Entscheidungen gestellt zu werden. Die Deutschen sind schuld daran. Sie war eine Heldin.«

»Nicht bei mir«, flüstert Tymna in Mimis weißes Fell.

Kol Nidre

Ich gebe zu, ich war wirklich überrascht, als ich den Volgan-Preis erhielt. Genauso wie ich mich selbst und alle anderen überraschte, als ich für meinen ersten Film ein mir völlig fremdes und abgelegenes Thema wählte.

Meine sephardische Familie, deren Wurzeln in Thessaloniki liegen, ist seit Generationen in Jerusalem ansässig. Es gibt dort sogar eine Samuel-ben-Shalom-Straße, benannt nach meinem Urgroßvater. Einst wohnte meine Familie in Yemin Moshe, dem ersten jüdischen Stadtteil, der 1860 außerhalb der Jerusalemer Stadtmauern erbaut worden war. Man nannte den Stadtteil nach Moses Montefiore, seinerzeit ein bekannter Zionist aus England, der auch das Viertel Mishkenot Sha'ananim in Jerusalem errichten ließ. Nach dem Sechstagekrieg erwarb die Jerusalemer Stadtverwaltung die alten Gebäude von den alteingesessenen, aber armen Bewohnern des historischen Yemin Moshe und baute dort eine wunderschöne Siedlung für die Jerusalemer Prominenz.

Angesichts dieser Tatsachen betrachte ich mich als alteingesessenen Jerusalemer, der diese herrliche goldene Stadt wie seine eigene Handfläche kennt, und ich liebe die Stadt mit allen meinen Sinnen wie ein treuer Liebhaber. Zwar habe ich sie nach meiner Entlassung aus dem Militärdienst hier und da betrogen, indem ich mich in Tel Aviv an der Schauspielschule Nissan Nativ und in der Camera Obscura zum Studium einschrieb, aber an den Schabbatot und zu den Feiertagen kehre ich stets zurück.

Während der letzten Jahre führte ich einen neuen Brauch ein: Alljährlich am Versöhnungstag höre ich das *Kol Nidre* in Jerusalem, jedes Mal in einer anderen Synagoge der Stadt. Vor zwei Jahren ging ich dafür in eine kleine Reformsynagoge, Moreshet Avraham in Talpiot. Nach dort üblichem Brauch sitzen Frauen und Männer zusammen, und es gibt keine *Ezrat Nashim*. Ich setzte mich auf einen freien Platz und begriff sofort, dass zwar hebräisch gebetet wurde, die Anwesenden aber untereinander nur englisch sprachen, und ich fühlte mich sofort wie im Ausland.

Ich saß zwischen zwei älteren – um nicht zu sagen alten – Damen. Zu meiner Rechten saß eine hochgewachsene, elegante Blondine, die den teuren Duft von Issey Miyake verbreitete. Ihr gutgepudertes Gesicht war nach erfolgreicher Straffung faltenlos, die vollen Brüste sicher aus Silikon. Zu meiner Linken saß eine alte grauhaarige Frau, etwas lächerlich in einen weißen indischen Pandschab-Sari gehüllt. Beide hätten zwar leicht meine Großmütter sein können, aber die Blondine sah von Zeit zu Zeit von ihrem Gebetbuch auf und warf mir verführerische Blicke zu.

Ich vertiefte mich ins Gebet. Ich liebe dieses Fest sehr, denn ich erinnere mich, wie ich als Kind mit meinem Großvater in die sephardische Synagoge in Yemin Moshe gegangen bin; er wohnte dort mit seiner alten Mutter, die zwar während des Befreiungskrieges in Jerusalem schwer verletzt worden war, aber erst hundertjährig an irgendeinem Virus starb. Am Vorabend des Versöhnungstages pflegte sie mit Großvater zum Kol Nidre zu gehen und am Fest selbst, dem Fasttag, pflegte Vater mich und meinen Bruder in sein kleines Bethaus mitzunehmen, das in einem weitläufigen Park mit Guavenbäumen stand. Mein Bruder und ich entschlüpften Vater, kletterten auf die Bäume und machten uns über die

Früchte her. Als wir zurückkamen schnupperte Vater an unseren Mündern und sagte: »Ihr kleinen Strolche habt Guaven gegessen, was? Ich werde euch schon noch lehren, was es heißt, das Fasten zu brechen!«

Und hier begann der Kantor von Moreshet Avraham jetzt das Kol Nidre auf Aramäisch anzustimmen, ein Gebet, das nur einmal im Jahr gesagt wird, in dem wir den Schöpfer bitten, uns von allen Verpflichtungen und Versprechungen dieses Jahres, die wir aus irgendeinem Grund nicht einhalten konnten, zu befreien. Alle Betenden sangen voller Inbrunst mit dem Kantor, und auch ich wurde mitgerissen und fühlte, wie ich mich im Laufe des Gebets von allen meinen alten Verpflichtungen und Treueschwüren gegen verschiedene Mädchen in allen Teilen des Landes befreite. Genau da bemerkte ich, wie meine Nachbarin zur Linken, die Dame im weißen Pandschab-Sari, von heftigem Schluchzen geschüttelt wurde. Wie ein echter englischer Gentleman reichte ich ihr ein Papiertaschentuch und auch meine Hand, die sie fest und dankbar drückte. Später blies der Kantor den *Schofar*; die Betenden erhoben sich und wandten sich langsam dem Ausgang zu. Wir gingen gemeinsam hinaus, und ich bot ihr an, sie zum Hotel zu begleiten. Sie stellte sich vor. Sie hieß Helen Green, war Zahnärztin im Ruhestand, achtzig Jahre alt, wohnte in Kanada und hatte zwei verstorbene Ehemänner und eine große Familie. Dies war ihr erster Besuch in Israel und wahrscheinlich auch der letzte. Es war auch das erste Mal, dass sie folgende Dinge erzählte. Niemals hatte sie mit jemandem darüber gesprochen. Aber mir wollte sie es erzählen. Sie sagte, es sei für sie von großer Bedeutung, dass ich, der Jerusalemer Sabre, sie hörte. Ich solle nicht denken, dass man sie nicht gefragt hätte, denn viele hatten sie gefragt, wie es dort gewesen sei und wie sie gerettet wurde.

Alle fragten sie, ihre Söhne, ihre Töchter, Schwiegertöchter, ihre Schwiegersöhne und auch ihre Enkelkinder. Sogar vom Museum in Washington und von Yad Vashem kamen alle möglichen Leute, die alles aufzeichnen und Zeugenaussagen aufnehmen wollten.

Aber sie war einfach nicht in der Lage gewesen, darüber zu sprechen. Möglicherweise hatte sie auch das Gefühl, dass sie es in Wirklichkeit gar nicht wissen wollten, dass sie das Interesse und das Zuhören heuchelten. Aber heute, hier in Israel, am Vorabend des Versöhnungsfestes müsse sie mir, Amir ben-Shalom, alles erzählen. Alles um uns war in weißes Mondlicht getaucht, und die Sterne über uns blitzten auf vor Entsetzen über ihre Worte.

Nicht von ungefähr transportierten die Deutschen die Juden von Lviv aus der Stadt, um sie am Versöhnungstag zu ermorden. Am heiligsten Tag des Judentums. Den Spott der deutschen Soldaten und der neugierigen Menge ignorierend, trugen die alten Juden die blütenweißen Fastenkittel und hüllten sich in ihre Gebetsmäntel. In dem Augenblick als die Lastwagen anfuhren, erhoben die frommen Juden ihre Hände zum Himmel und stimmten den 130. Psalm an: »Aus Tiefen rufe ich dich, Du! / mein Herr, auf meine Stimme höre! / aufmerksam seien deine Ohren ...«, und der uralte hebräische Psalm erhob sich in die Lüfte.

Das De profundis echote zwischen den Häusern, zwischen den Steinen des Gehsteigs, zwischen den Mauern der Kirchen und zwischen den Ruinen ihrer zerstörten Synagogen. Als die Lastwagen auf dem Hügel hielten, wo sie ermordet werden sollten, konnten sie ein letztes Mal auf Lviv sehen, die Stadt, in der sie geboren wurden und in der sie jetzt sterben würden. Und dort wandten sie ihre Gesichter nach Osten; dort wurden sie alle erschossen. Ich war damals 17, in einem Waggon, der nach der Aktion am Versöhnungstag von Lviv nach Belzec raste. Mit mir im Waggon waren zwei meiner Tanten, Schwestern meiner Mutter. Es kam der Moment, als ich beschloss, vom Zug zu springen. Ich hing außen am Waggon und sah die Hölle darin und wartete auf das Zeichen, um in der Kurve zu springen, da begann meine Tante Liba mit ihrer schönen Altstimme das Kol Nidre anzustimmen, und Schweigen breitete sich aus, nur der Gesang existierte noch. Mit diesen Tönen im Ohr sprang ich und wurde gerettet, und sie alle wurden vernichtet. Und es gab keinerlei Verpflichtungen mehr gegen irgendeinen Menschen.

Am Eingang ihres Hotels trennten wir uns mit einer sehr emotionalen Umarmung. Wir tauschten keine Adressen aus. Ich glaube nicht, dass ich dich noch einmal wiedersehe, Helen aus Kanada, aber dank deiner Erzählung schrieb ich dieses Drehbuch, drehte ich diesen Film, und dir verdanke ich diesen Preis. Ich bin dir sehr dankbar, Helen aus Lviv, dass du mir ein Fenster in eine Welt geöffnet hast, die vergangen ist, in Wirklichkeit jedoch die ganze Zeit über da ist und uns im Nacken sitzt.

Schnappschuss

Er heißt Baruch und wahrscheinlich ist er auch so.
Er lebt in Verwahrung. Er hatte drei Frauen.
Er hat drei Enkelkinder und drei Sprachen stecken ihm im Hals.
Er heißt Baruch und so ist er wahrscheinlich, denn im Alter von
drei Jahren
riss ihn der Vater in Warschau aus der Aktion, verpackt in einem
Rucksack
zwischen Unterhosen, trockenem Brot, Pullovern, Strümpfen
und einer Flasche Wasser.
Die Deutschen durchstachen den Rucksack mit Bajonetten
damit kein verstecktes jüdisches Kind
Gott behüte auch nur bis zum Umschlagplatz gelänge.
ORDNUNG MUSS SEIN
Jaja, das waren die Väter und Großväter der Deutschen – heute
feingeistig und zartfühlend.
Aber seinen Rucksack durchbohrten sie zufällig nicht, vielleicht
weil er Baruch heißt.
Später auf dem Umschlagplatz zog man seinen Kopf aus dem
Rucksack damit er atmen könne,
und sein Vater gab dem Deutschen Mutters Verlobungsring aus
Gold mit einem kleinen Diamanten,
und so zog der Deutsche alle drei aus der zum Waggon nach
Treblinka strömenden Menge.
Sie wurden gerettet mit arischen Papieren. Fragt ihn wie?
Er erinnert sich nicht, schließlich heißt er Baruch.
Später kam das Leben. Jugend, Liebe, Studium und so weiter.

Es ging auf und ab, Glück und Pech. Einmal in Jerusalem,
einmal in Paris und einmal sogar in Rom.
Jetzt ist er müde. Liebt Rotwein, Gitanes, französische Chansons,
israelische Literatur,
moderne Malerei, bewölkten Himmel, Regen
und stürmisches Meer.
Er denkt viel an die Schoa.
Wirklich erstaunlich, nicht wahr?

Glossar

Altneuland: zionistische Utopie, Roman von Theodor Herzl (1902)

Bricha (hebr. Flucht): organisierte Untergrundbewegung, die zwischen 1944 und 1948 Juden aus Europa bei der Flucht und Einwanderung nach Palästina half

Cheder (wörtl. Zimmer): traditionelle Elementarschule für Knaben ab dem 4. Lebensjahr.

Chuppa: Trauhimmel, unter dem Braut und Bräutigam vereint werden

Ezrat Nashim: Vorraum der Frauen, meist durch einen Vorhang oder durch eine Wand abgeteilter Raum, in dem die Frauen beten

Kiddushim: bezieht sich auf die Mischna – *Seder Nashim*, die die Trauung und andere Ehefragen behandelt

Kol Nidre: aramäisches Gebet zum Widerruf freiwillig übernommener die eigene Person betreffender Gelöbnisse

Sabra, Sabre: Bezeichnung für einen in Israel geborenen Juden

Schiva: Sieben, für sieben Trauertage

Schmattes (jiddisch): Lumpen, Fetzen

Schofar: Widderhorn, das an hohen Feiertagen geblasen wird

Shu'alei Shimshon (Samsons Füchse): Bezeichnung für die Givati-Einheit, die während des Befreiungskrieges im Negev kämpfte

Jeschiwa (wörtl. Sitz): Talmud-/Thora-Hochschule

Zenne Renne (jiddisch): Erbauungsbuch, »Frauenbibel«

Inhalt